LA SPIRALE DES VALEURS ET DE LA PENSÉE.

La relation entre notre façon de penser et le monde qui nous entoure.

Max E.J. Herold

Titre Néerlandais, 2007: De spiraal van waarden en denkenÉditeur:

Éditeur: Managementissues.com, Les Pays-Bas
Managementissues.com, Les Pays-Bas, janvier 2018

Mise en page :   Loes Kema, GVO printers & designers, Ede, Les Pays-Bas

Traduction & adaptation du Néerlandais : Elzemieke Allers, Meyreuil 2010.

Table des matières :

Préface.

Le succès fulgurant du livre intitulé « *Les fondations de la pensée dévoilées ! Les codes de la pensée et le monde qui en découle* », qui est une introduction dans la Spirale Dynamique, a été à l'origine de la demande formulée par Karen Hamaker des éditions Symbolon, d'écrire une version écourtée, destinée aux librairies. Lors d'un entretien, elle m'a indiqué que le marché du livre aurait besoin d'une introduction rapide et courte dans la Spirale Dynamique, écrite dans le même style que mon premier livre. Ce qui suit est une vue d'ensemble rapide des principaux aspects de la Spirale Dynamique.

Max Herold,
Avril 2006

Remerciements.

En premier lieu, j'exprime toute ma gratitude aux experts les plus renommés au monde sur ce terrain, j'ai nommé Chris Cowan et Natasha Todorovic, qui m'ont enseigné les bases. J'aurais aimé traduire ce livre également en Anglais afin de leur permettre d'en vérifier le contenu, mais ce fut malheureusement impossible à court terme.
Certaines interprétations de divers exemples pratiques cités dans ce livre n'engagent donc que mon point de vue, et peuvent donc être vus sous un angle un peu différent par Chris et Natasha.
Ensuite je remercie également Karen Hamaker-Zondag des éditions Symbolon qui m'a encouragé à écrire ce livre, ainsi que son époux Hans pour sa contribution à l'amélioration de ce livre.
Pour terminer je remercie mon père, actuellement décédé, qui m'a appris ce que cela veut dire de se concentrer sur ce que l'on aime faire, dans le but de s'améliorer sans cesse.

Introduction.

Regardons le monde qui nous entoure. Menaces de terrorisme,
dégradation du milieu dans lequel nous vivons, une criminalité
croissante, individualisation, globalisation, etc., etc.
Que se passe-t-il ? Qu'est-ce qui déclenche tout cela ? Est-ce
que ces problèmes sont issus de notre façon de penser de
hier et d'aujourd'hui ? Ou bien sont ils -comme on le dit des
fois- issus des solutions trouvées hier? En continuant ce même
raisonnement, il se pourrait que notre façon de penser garantisse
l'émergence de nouveaux problèmes. Il est aisé de trouver
quelques exemples dans notre histoire récente pour illustrer cette
supposition.
Dans les années '50 et '60 une certaine façon de penser était en
vogue. Elle appelait des contre courants, comme entre autres
le féminisme, qui n'avait pas encore émergé de la même façon
auparavant.
On entend souvent parler d'individualisation en ce moment,
un terme qui n'était pas courant il y a quelques décennies.
L'individualisation, et dans son sillon l'autonomie et
l'indépendance, créent à leur tour de nouveaux problèmes tels
que la solitude, l'érosion de systèmes politiques etc. On pourrait
dire qu'il s'agit d'une spirale. Une réflexion plus fondamentale
engendre des progrès, mais également de nouveaux défis à
relever.

Ces nouveaux défis mettent les modes de réflexions en cours sous
pression, et bien souvent les solutions sont difficiles à trouver dans
ce même cadre. Le gouvernement par exemple illustre bien cette
difficulté : il se caractérise par un raisonnement et des mécanismes
de pouvoir linéaires, allant du haut vers le bas. Un comportement
qui évite une prise de risque trop importante, et exprime une
volonté de contrôler les pensées de l'entourage.
Un tel gouvernement fonctionnera bien dans un contexte
relativement stable. Si le contexte politique devient plus
dynamique, si d'avantage de variété commence à se manifester,
les problèmes émergent. La façon habituelle de les aborder ne
suffira plus, bien au contraire. On pourra même constater que ce
mode là ne fait que multiplier les problèmes. Il est assez difficile
pour les fonctionnaires et politiciens de lâcher la façon de réfléchir

qui a fait ses preuves et leur réussite. Ils y ont investi, et des intérêts de toute sorte en dépendent. Un changement quelconque dans cette logique du raisonnement provoquerait une résistance émotionnelle.

On peut retrouver un phénomène très semblable au sein de certaines entreprises. Le travail est souvent fait de la même façon durant des années, en fonction de la philosophie et les habitudes de l'entreprise. Si le contexte change en devenant plus complexe, on peut souvent observer que les anciennes valeurs ne suffisent plus à garantir un fonctionnement qui soit à la fois satisfaisant et rentable.
Peter Drucker, 'gourou' de l'organisation de renommé, parlait il y a déjà un certain temps d'un phénomène observé, à savoir que chaque institution possède sa propre *theory of business*,[1] disons une philosophie 'maison' qui est à la base du fonctionnement et de l'organisation de chaque entreprise. Cette *theory of business* va de pair avec certaines conditions environnementales. Si ces conditions changent, il serait logique que la philosophie 'maison' change également afin de pouvoir faire face au niveau plus complexe du nouveau contexte. Force est de constater que malheureusement les choses se passent souvent autrement.

Dans ce livre je vais esquisser un modèle qui montrera de quelle façon les fondations de la pensée se développent les unes à partir des autres. Je vais aborder les problèmes qui découlent d'un comportement basé sur une fondation de la pensée donnée.
Par fondation de la pensée, j'entends l'ensemble des valeurs profondes qui dicte le comportement d'un individu. On pourrait décrire les valeurs comme des critères qui orientent le comportement. Si par exemple un individu accorde beaucoup d'importance au respect pour celui qui est investi par la loi, il agira en conséquence, et sera loyal envers son patron et ses supérieurs hiérarchiques.
Ce type de valeurs crée, comme nous le verrons, ses propres complications, car il oublie souvent un peu trop son propre 'moi'.
On peut donc dire que chaque fondation de la pensée / système de valeurs, crée ses propres problèmes.

Il reste un dernier principe de base très important à propos du développement des fondations de la pensée. C'est le principe selon lequel chaque fondation de la pensée ne peut assumer qu'un certain degré de complexité.
On l'avait déjà vu dans l'exemple du gouvernement et des politiciens. Si de telles institutions, et plus particulièrement les personnes qui y travaillent, ne changent pas la fondation de leurs pensées afin de pouvoir assumer une complexité croissante, ils ne créeront non seulement plus de problèmes pour la société, mais également une baisse de leur efficacité. Les institutions, y compris leur personnel, qui sauront évoluer, auront du coup plus de poids, et finiront par court-circuiter le gouvernement ainsi que les systèmes politiques.
Les sociétés actuelles étaient au départ des tribus organisées de façon relativement simple, leurs habitants étaient entourés par une nature mystérieuse, 'mystique'. Nous avons évolué, et voilà que nous prenons conscience du fait que nous vivons avec un nombre croissant de congénères sur ce globe terrestre qui est de plus en plus pollué. Et qu'il faudra relever de nouveaux défis qui nécessitent une nouvelle fondation de la pensée, adaptée à cette nouvelle situation autrement plus complexe que la précédente.
Le succès prend ici donc sa propre signification ; on pourrait la décrire de façon générale comme la capacité de s'adapter à son environnement qui change de façon perpétuelle, et à résoudre les problèmes existentiels que l'on y rencontre.
On reviendra plus en détail sur les différentes sortes de changement dans des environnements variés.

Une première vue d'ensemble des différentes fondations de la pensée.

Dans ce chapitre je donne un premier aperçu des différentes formes de la pensée fondamentale, de ses valeurs attenantes, et des contextes ou elles peuvent s'épanouir.
Dans l'illustration qui figure sur la page suivante, on peut discerner deux axes. L'axe du coté gauche représente l'environnement et les problèmes existentiels assortis.
L'axe du coté droit représente les différentes fondations de la pensée pouvant être utilisées dans ces différents environnements afin de résoudre les problèmes en question.
Le défunt Clare W. Graves, professeur en psychologie Américain et l'inventeur de ce modèle, indiquait les environnements par la première partie des lettres de l'alphabet (ABCDEFG…..). Les façons de penser s'avérant efficaces pour résoudre les problèmes dans ces contextes donnés étaient indiqués par des lettres de la deuxième partie de l'alphabet (NOPQRST…). Les systèmes ainsi formés on été appelés respectivement AN, BO, CP, DQ, ER, FS et GT.
Chris Cowan, qui a ensuite approfondie et amélioré la théorie de Graves, a associé cette combinaison de lettres représentant ces différents systèmes de valeurs à des couleurs. Ces couleurs n'ont pas de signification spirituelle particulière en soi. Cowan a simplement choisi quelques couleurs qui allaient bien avec l'essentiel des différentes fondations de la pensée.

Une première vue d'ensemble des différentes fondations de la pensée

CETTE ILLUSTRATION CONTIENT QUELQUES SUPPOSITIONS IMPLICITES.

1/ La complexité des environnements est croissante avec le temps.

La première supposition est que les environnements deviennent
de plus en plus complexes.
Le genre humain réagit à chaque nouveau niveau de complexité
du monde qui l'entoure en élaborant une nouvelle fondation de la
pensée, qui le permet d'assumer ce nouveau contexte.
De nouvelles fondations de la pensée émergeront à fur et à
mesure que de nouveaux problèmes existentiels se manifestent.
Bien entendu, il y a des fois des rechutes vers un niveau/
environnement moins complexe, mais sur des décennies et
des siècles, la tendance générale est à la croissance de cette
complexité.
Rappelez-vous de l'exemple donné sur les années '50 et '60. La vie
semblait être plus facile et l'environnement était moins compliqué
qu'aujourd'hui. (Moins de variété et de changements dynamiques).
Voici un autre exemple : si l'on respecte son patron et que l'on a
l'habitude d'exécuter sagement ses ordres, est ce que l'on serait
également capable d'assumer des situations plus complexes qui
nécessitent des initiatives personnelles et la capacité de faire un

choix parmi plusieurs alternatives sans pouvoir s'appuyer sur l'avis
ou le conseil de quelqu'un d'autre ?
Le patron qui fonctionne d'après un concept autoritaire dépassé,
dans lequel c'est lui qui prend toutes les décisions, crée une
ambiance qui entrave la capacité d'assumer une complexité
croissante.
Ce qui signifie qu'une fondation de la pensée donnée ne peut
assimiler qu'un certain degré de complexité, et qu'elle est en fait
spécialisée pour celle-ci.

2/ La croissance de la complexité est illimitée.

Certains considèrent que cette supposition est la suite logique
d'une loi de la physique universelle : la loi d'entropie et d'énergie.
Cette loi dit que chaque système tend à un état d'entropie
maximal et un état d'énergie minimal. Les sciences naturelles
traduisent l'entropie par ' degré du chaos'. Voici un exemple
simple pour l'illustrer. On place quelques jeunes enfants dans un
local plein de jouets bien rangés. Quand on va les voir un peu plus
tard, il y a fort à parier que l'entropie a augmenté.
Une autre traduction de ce mot serait 'le nombre de possibilités
de concrétisations'. Chaque système tend vers un état où il
peut réaliser le plus de choses. J'ai tendance à reconnaitre le
même principe dans le lien entre les systèmes humains. Plus de
possibilités de concrétiser quelque chose avec moins d'énergie.[2]

3/ De nouvelles fondations de la pensée émergent par
l'interaction entre le contexte et le mode de réflexion en cours.

Partant du principe qu'un type de réflexion fondamentale donnée
peut seulement assumer un certain degré de complexité, il va
de soi que des frustrations apparaitront dès que la complexité
et la variété augmenteront. Par frustration, j'entends dans ce
contexte ce qui empêche d'atteindre un objectif. Ces frustrations
prennent progressivement plus d'ampleur devant l'incapacité de
la fondation de la pensée en cours de résoudre les problèmes.
Problèmes causées par l'environnement donné même, et par ses
limites.
Albert Einstein disait, il y a déjà fort longtemps, ce qui suit; « *The
significant challenges we face cannot be solved at the same level*

of thinking we were at, when we created them ».

Ce qui signifie que les problèmes majeurs auxquels nous devons faire face, ne peuvent être résolus au même niveau de réflexion que lorsque nous les avons crées. Puisque ces problèmes ont surgit *à cause* de cette façon de réfléchir. Il ne sert à rien de réfléchir plus fort ou plus longtemps de la même façon. Les solutions trouvées à partir du même cadre de réflexion apporteront que d'avantage de chaos, au lieu d'offrir de solutions effectives. Un problème signifiant ne peut être résolu qu'à condition d'apprendre à considérer autrement une même réalité. En changeant de fondation de la pensée, on renouvelle non seulement notre regard sur le monde qui nous entoure, mais on favorise également l'émergence d'un nouveau genre de solutions.3

4/   Alternance du « moi » et du « nous »

La quatrième supposition est que les fondations de la pensée orientées sur le « moi » émergent en alternance avec celles orientées sur le « nous », et ainsi de suite. Donc tout commence par le « moi », suivi par le « nous », suivi à son tour par un autre genre de » moi »etc.
Dans une fondation de la pensée orientée sur le « moi », l'ego occupe la place centrale. Un ego qui tentera d'adapter le monde qui l'entoure à sa propre personne.
Dans une fondation de la pensée orientée sur le « nous », la place centrale est celle du groupe. Ce sera donc plutôt le groupe dont la personne dépend qui déterminera le comportement individuel.
En généralisant on pourrait dire que les années '50, '60 et '70 étaient plutôt orientés vers le « nous », et que les années '80, '90 à nos jours sont au contraire plus axées sur le « moi ».
La Spirale Dynamique présente l'intérêt de nous montrer quel nouveau genre de réflexion orientée vers le « nous » fera son apparition, afin de pouvoir assumer la complexité sans cesse croissante que nous expérimentons jour après jour.

5/ On ne peut pas « sauter » une fondation de la pensée dans son évolution.

La cinquième supposition est importante ; on ne peut pas faire l'impasse sur une fondation de la pensée, puisqu'elles découlent des précédentes. On ne peut pas passer de la fondation CP/rouge au FS/vert sans transiter par DQ/bleu et ER/orange. On a d'abord besoin de s'approprier suffisamment les fondations précédentes avant de pouvoir faire sienne la suivante sur le plan psychologique.

6/ Une spirale qui s'élargit symbolise un degré de liberté plus élevé.

La dernière supposition est que la largeur croissante de la spirale symbolise une augmentation du degré de liberté et du nombre d'alternatives. Qui à leur tour symbolisent les niveaux de complexité. Une fondation de la pensée, un système de valeurs qui sait assumer une complexité supérieure, disposera d'une palette de comportements alternatifs plus étendues. Prenons une fondation de pensée fortement normative, qui pense en termes de bien/ mal, normal/hors normes, qui cherche à rectifier au plus vite ce qui ne rentre pas dans ces cadres. Elle bénéficiera de beaucoup moins de libertés que celle capable d'une réflexion en alternatives ou l'éventail de choix sera bien plus large.

Un premier coup d'œil sur les différents systèmes de valeurs.[4]

AN/Beige :

Le comportement est dicté par la nature et par les instincts de base assurant la survie. Les personnes se comportent plus comme un animal parmi les animaux, autrement dit comme une « être » parmi les « êtres » au niveau AN/beige.
La conscience est tournée vers les besoins physiologiques périodiques tels que manger, boire et la sexualité. Il n'y a pas de conscience du temps ni de l'espace.

BO/violet :

Le sentiment tribal animiste ; « nous sommes en sécurité ». On est conscient de la présence d'esprits mystiques, de signes, de totems. C'est une vie proche de la terre. Les liens de sang sont d'une importance primordiale. Le management du violet exige le respect pour les règles du clan, fidélité et respect envers les chefs (chamanes, chefs de tribus, aïeux). Chacun obéit au chef, par définition. Les changements au sein du groupe se manifestent par des rituels, les traditions et des symboles. La vénération des ancêtres est très importante. Le passé se perpétue à travers le présent. La notion de bien privé est absente, ce qui m'appartient appartient également à l'autre, la réciprocité est de mise. L'interdépendance est considérable.

CP/rouge :

Je règne. On exploite les autres sans ménagement, surtout les esclaves et ceux qui sont peu instruits. L'autorité règne. On fait le dur, le macho. On ne montre pas de peur. Absence de culpabilité. On cherche à éviter les situations ou l'on pourrait être la victime pour ne pas perdre la face. Les bandes sont caractéristiques pour ce système, la jeunesse se rebelle (*stop and rob*). On vit le présent sans se préoccuper des conséquences. Ce qui motive, ce sont les héros et les conquêtes. L'individu prime. Il y a ceux qui « ont » et ceux qui « n'ont pas ». La dernière catégorie accepte cet état de fait en CP/rouge (comme dans le féodalisme par exemple). Le chef peut se montrer protecteur et « chevaleresque » envers ses

Un premier coup d'œil sur les différents systèmes de valeurs

subordonnés (qu'il considère comme sa propriété).

DQ/bleu :

Le monde est un endroit dangereux. Le désordre social guette. La quête de la vérité absolue. « Nous sommes sauvés ». Il n'y a que la bonne façon de raisonner et d'être. Tout est fixé, pour aujourd'hui et pour l'éternité. Patriotisme. On se sent coupable lorsqu'on ne se conforme pas aux normes du groupe. Une obéissance dictée par la culpabilité envers les autorités supérieures. On s'efface devant l'objectif suprême. La discipline est de fer, mais est vécue comme étant juste (coups de cravache à Singapore). Fonctionne très bien à l'époque industrielle : standardisation, raisonnement de 9H à 19H. Notre avis est le seul qui vaut, et il doit également accepté et reconnu par les autres dans leur propre intérêt.

ER/orange :

Orientation vers le succès, comme dans une entreprise, sur le plan personnel. »J'améliore ». Des projets et stratégies ciblés dans le but d'améliorer. L'adulte choisit sur des critères rationnels ce qui représente les plus d'avantages pour lui. Ce qui le motive se trouve notamment sur le plan économique et matériel. Le monde regorge d'opportunités. On teste plein d'options, on aime avoir le choix. On est dans la compétition. L'autonomie et savoir 'manipuler' l'entourage sont considéré comme des aptitudes importantes.

FS/vert :

Sentiment d'interconnexion entre les personnes. « Nous sommes en route ». Collectivité, humanitaire. Un sentiment de dépendance réciproque entre les habitants du monde entier. Sur le plan professionnel on est motivé par le contact avec autrui et le fait d'apporter sa pierre à l'édifice. Une grande tolérance de ce qui est différent, l'acceptation de celle-ci. Apprendre des autres. Tout est relatif et dépend du contexte. Il est plus important d'être apprécié que de s'engager dans une compétition afin d'obtenir certains avantages. Des valeurs de référence sont la franchise et la confiance. Les hiérarchies s'estompent dans l'élan vers l'équité.

Un premier coup d'œil sur les différents systèmes de valeurs

GT/jaune :

Raisonnement systémique*. L'adulte est à l'aise face au doute, à l'ambiguïté et à l'incertitude. L'aptitude à disposer de perspectives différentes, et ceci sans le bagage FS/vert. Ce qui motive, est d'apprendre par soi-même, tout étant orienté vers l'intégration des systèmes complexes. La conscience que le chaos et le changement vont de soi. Le changement est le coté agréable des processus organisatrices inhérentes à la vie. On aime les défis. Le raisonnement se caractérise par une réflexion systémique et par une orientation vers l'interaction entre les parties dans leur quête de former un ensemble. Des talents uniques et des bizarreries sont examinés pour voir de quelle façon ils pourraient contribuer à l'ensemble. Beaucoup de nouvelles idées sont générées. L'orientation est écologique, mais de façon sobre, en arrière plan. Le besoin de laisser son « empreinte » sur cette terre est absent.

*Par raisonnement systémique nous entendons ici le raisonnement qui fait le lien entre l'observation et la reconnaissance de schémas complexes de cause à effets. Il dépasse le cadre de l'évènement en soi pour mieux voir les schémas sous jacents et les connexions présentes. Tout naturellement la compréhension de la dynamique des systèmes vivants s'en trouve approfondie, et une alternative attrayante est offerte au raisonnement orienté vers le court terme capitaliste du business mécanique.
(Sources: 1) Bryan B., Goodman M., Schaveling J., 2006 et2) O'Connor J. & Mc Dermott I., 1997.

La vie dans le monde AN//beige.

Le premier niveau est nommé AN ou le niveau beige. Ce niveau
se caractérise par la préoccupation psychique de satisfaire les
besoins physiques de base nécessaires, afin de pouvoir assurer la
survie. [5]
On doit en premier lieu s'occuper de ce qui est primordial pour
pouvoir perpétrer l'existence humaine. (*First things come first*).
D'abord l'essentiel. Graves parlait d'un état autiste. Il entendait
par là que la personne se trouvant à ce niveau se préoccupe
en premier lieu de la satisfaction de ses besoins élémentaires,
chose relativement simple. La personne n'a conscience que de la
présence ou de l'absence de tensions physiologiques périodiques
élémentaires, et mène une vie visant à les réduire le plus possible.
Ces tensions ressenties sont basique ; la faim, la soif, le besoin
d'avoir de rapports sexuels etc. Graves nommait les problèmes
présents à ce niveau les problèmes-N. Ce que l'on pourrait définir
autrement comme « la recherche de moyens pour satisfaire les
besoins physiologiques périodiques de l'individu ».
Voici quelques exemples concrets : Faim-manger, Soif-à boire,
Vessie pleine-uriner, Envie de rapports sexuels-procréation. Ce
sont les besoins élémentaires de l'individu permettant la survie de
l'espèce.
Quand la tension se fait sentir, la personne réagira de façon
automatique. Elle fera ce qu'elle a, en expérimentant, appris à
faire afin de s'en débarrasser. Elle n'a pas de notion du temps,
ni de l'espace, et ne se considère pas différent des autres êtres
vivants (animaux). C'est pour cette raison que Graves nommait
ce niveau parfois le niveau animalier, ou le niveau réactif, parce
que la personne ne fait que réagir aux tensions en les satisfaisant
automatiquement. Une tension issue de l'organisme à un moment
donné de sa vie. L'individu est un avec le monde. C'est un état qui
est devenu très rare dans le monde actuel.
On pourrait dire qu'à ce niveau, ce sont les programmes les plus
enfouis dans notre cerveau qui s'activent. Ce « raisonnement »
se caractérise par son coté « réflexe ». Le « soi » qui différencie
n'est quasiment pas activé. C'est comparable avec l'état d'un
bébé. Celui qui agit en premier lieu à partir ce son coté AN/
beige, vit de façon instinctive, animale. Dans certains contextes
ceci suffit amplement pour pouvoir vivre. Pour quelle raison on se

développerait vers des niveaux supérieurs si on dispose de tout ce dont on a besoin ?
Il arrive que, lorsque des personnes ayant une fondation de la pensée différente subissent un choc traumatique sévère, on revoit apparaître le système AN/beige.
La même chose peut se produire chez des patients atteints de la maladie d'Alzheimer, ou encore chez des personnes ivres mortes. Dans ces dernier cas il s'agit bien entendu d'une évolution pathologique. L'AN/beige sain peut bien entendu s'épanouir dans un contexte où il y a suffisamment de possibilités pour diminuer les tensions physiologiques.
Graves le nommait parfois l'état d'être automatique.6 Ce qui signifie que la personne dispose d'aptitudes naturelles, lui permettant dans un premier temps de sentir des tensions physiologiques, puis ensuite de chercher et de trouver les moyens de les apaiser de façon automatique, par exemple chercher et trouver de la nourriture.

La vie dans le monde BO/violet.

Flora prenait une petite boîte mesurant environ 10 cm qui se trouvait à coté d'elle par terre. Il n'y avait pas de couvercle, et les bords étaient habillés de velours noir. Calvin me racontait que Flora n'avait jamais vue l'intérieur de cette petite boîte elle-même, et que quelqu'un des son ancien peuple la lui avait donné. Il me racontait qu'un des médecins invisibles de Flora habitaient dedans.[7]
Gary Morris

Les problèmes-B des hommes devant être résolus dans ce monde violet, sont issus de besoins physiologiques a- périodiques ; la chaleur, éviter la douleur etc. Ils n'ont pas cet aspect périodique comme ceux rencontrés dans le monde AN/beige. L'optique BO/ violette est fortement modifiée par cette différence. La conscience émerge dans l'après- AN/beige, et elle en modifie profondément la perception. On observe un tas de choses angoissantes. On vit près de la nature, et se rend compte des dangers présents. Le violet tente de résoudre ces problèmes à partir d'une fondation de la pensée-O.
Dans le concept BO/violet le monde est un endroit mystérieux et potentiellement dangereux. On sent et voit des esprits qui nous entourent. L'animisme est prépondérant. On est persuadé que des objets « sans vie » possèdent une âme. Il y a l'esprit de l'eau, celui des arbres, de la terre, des rochers et ainsi de suite. Le niveau de superstition/ croyance etc. est très élevé dans ce monde. La superstition est inhérente à la nature des choses. Le monde entier regorge de bons et de mauvais esprits qui doivent être sollicités, célébrés ou bien au contraire évités afin de rester en vie. Les personnes vivant au niveau BO/violet développent un mode de vie qui a comme objectif principal de garantir leur sécurité. Leur façon de vivre est basée sur la soumission aux esprits bénéfiques et sur le pardon des esprits malins.
Le problème de base qui donne sa forme au raisonnement, c'est d'arriver à obtenir une sécurité optimale. Pour se préserver de ce qui ne peut être vu. C'est le règne de l'invisible ; les forces positives et les forces négatives déterminent comment l'on se sent. Cette sécurité essentielle se trouve au sein de la tribu. C'est l'appartenance à celle-ci qui la procure. En contre partie on

se voue entièrement à la tribu, on se conforme aux désirs du
chef ou des esprits. « Tribu » équivaut « protection ». L'individu
est subordonné à l'identité et aux besoins de la collectivité.
Le comportement des individus est conforme aux règles en
vigueur et aux rituels. Ils évitent les tabous qui sont liés aux forces
puissantes. Transgresser serait considérée comme une énorme
offense. La magie et des objets sacrés (totems) constituent
le noyer de l'existence. Les liens de sang sont extrêmement
importants en BO/violet. Nous avons le même sang qui coule
dans nos veines, nos esprits sont un. L'identité de l'individu est
déterminée par ses totems et par sa famille.
BO/violet peut d'ailleurs facilement dégénérer en des conflits
ethniques par le désir de manifester une identité de clan la plus
large possible, avec toutes les discussions territoriales qui peuvent
en découler, tout en n'oubliant pas l'histoire.
On mentionne également l'épuration ethnique dans ce contexte,
qui est une conséquence logique de la prévalence des sentiments
de clan et de l'importance des liens de sang.
Une autre conséquence de l'importance capitale des liens de sang
est qu'il est formellement proscrit de nuire à la réputation de sa
famille, puis de se montrer irrespectueux envers les morts; leurs
esprits font toujours partie de la famille. Se marier en dehors de la
famille serait également un grand déshonneur.

Ayse fuyant la vendetta.

*L'histoire touchante d'Ayse qui suit, donne une idée du pouvoir des
liens de sang, de l'ampleur que peuvent prendre des scandales
familiaux, et de ce qui peut se passer si l'on décide de se marier en
dehors du clan.*
*Ses parents appartiennent aux Jezidi, une partie de peuple Turc
très croyant présentant pas mal d'éléments BO/violets. Quand on
naît Jezedi, on le reste toute sa vie. Et cette vie est déterminée par
les codes de la tribu. On ne peut pas y échapper.*
*Ayse tombe amoureuse d'un garçon allemand, qui sera menacé de
mort. En décidant de refuser le mariage arrangé avec un homme
de sa tribu afin de pouvoir suivre le choix de son cœur, elle risque
sa vie. Elle se retrouve condamnée à mort par ses propres parents
en 2005 pour avoir couverte de honte sa famille 8.*
On pourrait dire de façon générale qu'il s'agit d'une culture de la

honte. Si un seul des membres du groupe transgresse les règles en vigueur dans cette société, c'est le groupe tout entier qui se sentira honteux à cause d' un sens d'obligation collectif. 9

Où trouver du BO/violet aux Pays-Bas ?

On peut également se poser la question : » où est-ce qu'on trouve la vendetta ? »
Elle se solde dans la moitié des cas par de la violence, et régulièrement par une issue fatale. Ce sont les conclusions de la police des Haaglanden et de la province Zuid-Holland Zuid aux Pays-Bas, qui a mené l' enquête sur l'ampleur et les manifestations de la vendetta. Par vendetta on entend qu'un membre de la famille est puni pour avoir déshonoré la famille. Les victimes sont aussi bien su sexe féminin que de sexe masculin.
Entre Octobre 2004 et Mars 2005, l'honneur familial était en cause dans 79 des cas. Dans 11 cas parmi ces 79, l'issu était mortel, dans 26 cas il y a eu des faits de violence, et dans environ 30 cas des personnes avaient été menacés physiquement ou mis moralement sous pression. Sur ces 79 cas, 43% se déroulaient dans les milieux Turco-Néerlandais. Dans les autres cas il s'agissait de ressortissants originaires de l'Afghanistan, du Kossovo, de l'Irak, du Maroc, de la Colombie et des Antilles.
Le ministre Néerlandais Verdonk (des affaires étrangères et de l'intégration) mentionnait ces conclusions dans une lettre au gouvernement, qui jugeait l'ampleur apparente de cette vendetta « préoccupante ». Verdonk déclarait, également au nom de ses collègues Donner (justice), Remkes (intérieur) et Ross (santé,) vouloir prendre des mesures afin de mieux gérer cette situation. Le ministre mentionnait également l'analyse du C.O.T. (l'institution du management de la sécurité et des crises néerlandaise) à propos de vingt cas de vendetta où il s'agissait d'un degré de violence élevé ou mortelle. Une des conclusions du C.O.T. était qu'une intervention précoce et efficace dans les cas où la menace de vendetta se présentait, faisait diminuer ce risque. 10

Le clan avant tout-*clan first*- ; c'est le principe fondamental de survie et la motivation numéro un dans le monde BO/violet. Dans un environnement qui pratique le raisonnement à la O, on ne trouvera pas de lois écrits ni de police.

On pourrait prendre comme exemple l'Europe du Moyen Age.
Il y avait des milliers de groupes de personnes isolés les uns des
autres. Les expériences en commun se limitaient à celles liées à
un endroit donné, et dépassaient que très rarement la lisière de
bois attenante ou la berge de la rivière voisine. La vie se déroulait
sur un territoire de petite taille, puisqu'en dehors des murs se
trouvaient des champs, des pâturages et des bois invisibles,
autrement dit, des endroits dangereux. Pour survivre on dépendait
fortement des liens du clan.
On ne connaissait pas d'intimité ni de vie individuelle. La notion
de propriété privée, fondamentale dans une économie capitaliste,
et ses formes d'organisations avec ses marchés permettant le libre
échange des biens, n'existait pas vraiment.
La propriété existait, mais seulement sous certaines conditions liés
aux relations, pas en tant que telle. Les nombreux liens familiaux
constituaient le cadre social principal. Les choses n'étaient pas la
propriété exclusive d'une personne, mais étaient partagées selon
un code rigide d'obligations concernant les biens.
Il n'existait pas de forme rationnelle de gestion, ni de moyens pour
diriger un royaume tout entier à partir d'un endroit central.[11]

Cette couleur possède une certaine intemporalité; le passé
continue à vivre à travers le présent, même après des centaines
d'années. Les croisades des siècles passés se perpétuent ainsi
encore de nos jours dans le quotidien de nombre de personnes
vivant au Moyen- Orient.
Dans cette couleur on trouve un attachement important aux cycles
rituels, comparables aux saisons qui reviennent à chaque fois. On
pourrait dire que ces rituels et les chants qui les accompagnent
amènent l'ordre et la paix dans l'esprit collectif de la tribu.
En BO/violet on est toujours vulnérable en quelque sorte,
puisqu'on dépend des forces extérieures à sa personne. On ne
peut pas les influencer beaucoup.
Les peuples vivant dans ce cadre deviennent facilement des
victimes, par exemple par une malédiction des chamanes. Ils
peuvent rester dépendants d'un groupe et ses disciples ou
peuvent rester prisonniers de tabous religieux et de signes
mystérieux.
Le côté positif et sain de cette couleur, c'est l'équilibre qui est
entretenu avec les forces naturelles.

La vie dans le monde CP/rouge.

> *Ils adoraient leurs chars et leurs épées puissantes en bronze ;*
> *c'était des cowboys qui subvenaient à leurs besoins en volant*
> *le bétail de leurs voisins. Puisque leur vie en dépendait, ce vol*
> *représentait plus qu'un sport. Ce fut également une activité*
> *sacrée, accompagnée de rituels qui invoquaient la puissance*
> *divine…*
> *Les Ariens était un peuple adorant boire jusqu'à plus soif,*
> *la musique, les jeux, et le vin. Ce ne furent pas des tendres,*
> *mais même dans ce stade précoce, ils faisaient preuve d'une*
> *certaine prédisposition à la spiritualité.*
> Karen Armstrong

Si en BO/violet on se sacrifiait pour le groupe, en CP/rouge cette attitude n'est plus (du tout) de mise. Les habitudes de la tribu ne retiennent plus personne; la seule personne digne de confiance est soi même.

CP/rouge considère le monde comme une jungle dans le sens propre, c'est la survie du plus fort (*survival of the fittest*). Les biens matériels sont seulement pour les puissants, les autres doivent se débrouiller sans. Le monde est partage en ceux qui « ont », et ceux qui « n'ont pas ».

A ce niveau d'existence, l'ego, le « soi » est activé. Pour la première fois l'individu développe la conscience d'être en vie. Il se découvre être un « SOI », une entité qui est différente et séparée de toutes les choses qui l'entourent.

Cette personne qui a fraîchement pris conscience qu'elle est unique, développe un nouveau mode de vie que Graves a nommé le mode égocentrique. Il est centré sur sa propre force, la force de faire ou ceci ou cela. C'est un mode égocentrique, avec des convictions égocentriques issues d'un ego élémentaire et impulsif. Tout ce qui contribue à la grandeur de cet ego, ce 'soi', est apprécié, tout ce qui le met en danger doit être ridiculisé et démantelé.

Quand on examine le comportement typique d'une personne à ce stade de développement, on constate qu'elle se comporte de façon à assurer que son ego, son soi, ne soit pas contrôlé/géré par les autres. C'est pour cette raison que le problème C, crucial dans ce monde CP/rouge, est de trouver le moyen de contrôler les autres et d'obtenir « sur le champ » ce que l'on désire. Les moyens utilisés sont entre autres l'intimidation et la force physique. On fait le macho, le dur, la brute sans aucune scrupule. Le raisonnement stratégique à long terme est absent.

On ne connaît pas de sentiments de culpabilité en CP/rouge, et c'est pour cette raison qu'il est facile d'exploiter les autres.

Un leader CP/rouge s'entoure de ses 'lieutenants', puis désigne aux autres leur place -plus ou moins enviable- dans l'hiérarchie qu'il établit dans sa bande.

En BO/violet les chamanes et les ainés étaient très influents, dans le monde CP/rouge ce sont les guerriers qui dirigent tout. On peut trouver cette couleur, tout comme le BO/violet, notamment en Afghanistan et dans le Darfour de la fin du 2Oe et le début du 21e siècle.

Graves disait parfois que la devise en rouge pourrait être résumé ainsi: « Express self, to hell with others ».[13] Exprime-toi, que les autres aillent au diable. Fais ce que te dictent tes impulsions, peu importe les conséquences pour les autres. Dans cet univers, il est impossible d'envisager les conséquences. En CP/rouge on exige l'attention et le respect, en échange on fait preuve de force et de culot.

L'image de l'héro est primordiale, c'est pour cette raison qu'on met en valeur les cicatrices et les trophées. On aime se montrer, on aime provoquer et choquer, pour prouver sans ambiguïté qui c'est qui contrôle les autres, et de s'affirmer comme étant le chef. [14]

La pire des choses qui pourrait arriver en CP/rouge, c'est de perdre la face. Donc des sentiments de honte sont à bannir. Le chef n'a pas le droit de se montrer faible, ni lâche, ni peureux. Les chefs en CP/rouge testent sans arrêt leurs limites ; les faibles et les perdants n'ont aucune importance, leur avis n'intéresse personne, ils ne comptent pas, et n'ont pas le droit à la parole.

Dans cet univers, on ment et on trompe à tour de bras, on induit en erreur, on tend des pièges, et on essaye de jouer au plus malin. Tout cela pour éviter d'être épinglé. Même si l'on abuse ouvertement les autres ou que l'on profite de la situation. C'est pour gonfler son ego, pour faire la démonstration de sa force. On refuse d'accepter que quelque chose ou quelqu'un puisse être plus fort ou meilleur.

Dans la mesure que l'on est conscient du fait d'être *en vie*, que l'on croit que son existence est séparée de celle des autres, et que l'on

se sent persécuté par le reste du monde, il est compréhensible de se comporter de cette façon. On ment, on trompe, on profite sur les dos des autres autant qu'on peut, plutôt que de se trouver à la place de celui qui subit.15
Dans cette couleur, la notion même de la tolérance est inconnue. Elle ne fait pas partie du vocabulaire, tout comme l'ambiguïté et la demi-mesure. Dans les réactions, c'est tout ou rien.16 On ne prend pas le temps de consciemment peser le pour et le contre, on passe de suite à l'action.
L'absence de culpabilité et de sentiments attenants constitue probablement un des aspects les plus intéressants de l'existence humaine à ce niveau.17 Ces sentiments sont encore inconnus dans cette couleur. C'est bien pour cette raison que la personne peut ainsi tout faire, même le plus abjecte, tout en étant persuadé de faire ce qui est juste. Ce jugement est issu du sentiment d'être séparé, de voir le monde comme une jungle, et aussi de la vision à très court terme. Un résultat immédiat d'une action dure le confirme dans cette croyance. Les conséquences à long terme se trouvent en dehors de l'horizon temporel de cette couleur.

Des contextes qui (ré) activent le CP/rouge.

En 1971 un groupe de chercheurs de l'Université de Stanford décidaient de monter un projet visant à étudier la psychologie de l'interrogation.
Ils aménageaient une prison, sélectionnaient 24 cobayes parmi les étudiants qui s'étaient portés volontaires, et les partageaient en deux groupes ; les « surveillants » et les « détenus ».
Au bout d'une semaine ils ont du arrêter le projet. Les « surveillants », des garçons et filles porteurs de valeurs normales et issus de familles bourgeoises, s'étaient transformés en monstres authentiques. La maltraitance était courante, l'abus sexuel des « détenus » était considéré comme banale.
Les étudiants ayant participé au projet, les « surveillants » tout comme les « détenus », étaient traumatisés à tel point, qu'ils avaient besoin de soins médicaux pendent longtemps. L'expérience ne fut jamais renouvelée.18

Dans cette fondation de la pensée, les esprits sont nommés et deviennent des Dieux tels que Zeus, Apollo et Athéna. On

crée une « religion » qui nous revoie ce que nous sommes. La personne investie du pouvoir devient le reflet du ou des Dieux. Cette personne pourrait dire ceci : »Le fait que je sois un Dieu signifie que je suis supérieur aux autres. C'est ainsi, ce sont des êtres inférieurs et ils sont là pour me plaire. »
Il y a quelques années, la télévision Néerlandaise avait programmé un documentaire sur le comportement et les valeurs des pensionnaires d'une prison Sud- Africaine. Leur motivations et leur agissements étaient fortement teintés de CP/rouge.[19] Celui qui avait le plus de pouvoir disait littéralement : » I'm partly God » (Je suis partiellement Dieu). Il se considérait comme un Dieu emprisonné.
On pourrait dire, en parlant en métaphores, que dans cette couleur les armes et leur utilisation symbolisent la fonction et la puissance de Dieu ou des Dieux.
Dans cette prison il y avait régulièrement des assassinats rituels. Un prisonnier dont tous se méfiaient, était devenu la victime d'un tel meurtre. Ses artères étaient sectionnées, son cœur arraché et ensuite mangé par ses assassins.
Dans cette même prison la différence entre les *haves* (ceux qui 'ont') et *have nots* (ceux qui 'n'ont pas') était également flagrante. Les nouveaux étaient appelés « les chiffes molles » et traités comme des esclaves. Ils n'avaient aucun droit. Cependant, il y avait la possibilité de monter dans la hiérarchie, soit en rendant des services, soit en faisant preuve de courage en poignardant un surveillant par exemple. Ce courage, il fallait sans arrêt en faire la démonstration. Les paroles ne comptent pas, que les actes. En CP/rouge le seuil de la douleur est élevé.
Malgré ce coté dur et individualiste, la formation de groupes offrant une certaine protection reste cependant possible en CP/rouge comme nous l'avons dit auparavant. A condition d'avoir prouvé et de continuer à prouver son audace, on devient un membre du 'gang', du groupe en CP/rouge. Il existe des codes dans ces gangs, qui sont l'honneur et l'héroïsme ; on protège ses semblables, il peut arriver qu'on mette sa vie ne péril si « justice » doit être faite. Le documentaire sur la prison Sud-Africaine en donnait également quelques illustrations.

Quelques indicateurs de CP/rouge.[20]

Si l'on souhaite savoir si l'on est en présence de CP/rouge, on pourrait en premier lieu examiner la sensibilité au contrôle externe et au contrôle des autres dans le comportement. Des réactions sur des entraves fréquentes à la liberté du genre « le monde (cruel) essaye de me dicter sa loi, mais moi le macho, je résiste » appartiennent au monde CP/rouge.
On peut exiger d'être considéré comme un héro, comme l'homme fort. En cas de refus, on peut littéralement se trouve obligé à ramper pour que l'ordre soit rétabli. C'est bien une indication que l'on est présence de CP/rouge. Le caïd doit à tout prix éviter deux choses, à savoir montrer sa peur ou sa honte.

La vie dans le monde DQ/bleu.

> *Il n'avait aucune difficulté pour bannir cette supposition erronée de sa tête, et ne risquait nullement d'y succomber. Par contre il réalisa qu'une telle chose n'aurait jamais dû se produire. L'esprit devrait se fabriquer un trou noir aussitôt qu'une Pensée Dangereuse y ferait intrusion. La réaction devrait être automatique. Arrêt sur erreur, on le nommait ainsi dans la Nouvelle Elocution. Il commença à s'entrainer de façon ciblée à l'Arrêt sur erreur. Il pensait aux thèses ; « le Partie dit que la terre est plate », « le Partie dit que la glace pèse plus lourd que l'eau » et s'entrainait à occulter les arguments affirmant le contraire, à ne pas les voir, à ne pas les comprendre. Ce n'était pas facile. Cet entraînement exigeait un sens de l'improvisation très développé et un raisonnement sans failles.*[21]
> George Orwell

En CP/rouge, la conscience du fait que l'être humain est mortel commence à émerger. On part en quête d'ordre et de vérité absolue dans le chaos qui nous entoure. C'est la vérité absolue de la religion monothéiste, des prêtres et des philosophes. Cette Vérité est taillée dans la pierre. La méthode scientifique et ses expériences assorties sont d'un ordre supérieur au DQ/bleu. Dans cette couleur l'objectif est de contrôler ses impulsions inférieures, celles qui pouvaient se manifester librement en CP/rouge. Ce contrôle est une aptitude mentale que l'on peut développer. On prend conscience du mauvais côté de ses impulsions inférieures, de ses propres pêchés.
Le raisonnement est absolutiste ; bon contre mauvais. Ce qui veut dire qu'il est contradictoire, binaire. C'est *ou* l'un *ou* l'autre, pas l'un *et* l'autre. On est de droite ou de gauche. Employeur ou employé. DQ bleu est le monde du compartimentage. Il n'est pas possible d'envisager le gris ; c'est ou blanc ou noir.
On y apprend que le sacrifice mène à la récompense. Il suffit de se sacrifier au nom de la Vérité, les récompenses suivront. Dans le prolongement de ce raisonnement, il faut économiser pour assurer une vie meilleure par la suite. Economiser devient un critère important dans la vie courante, on n'a pas besoin de gratification sur le champ. La réflexion est structurée, rationnelle,

axée sur la « bonne » façon de vivre et d'agir. C'est une façon comme une autre de stabiliser sa vie, de créer une stabilité éternelle. C'est une nouvelle façon d'aborder les problèmes dans le monde. Savoir que nous finirons tous par mourir, c'est une notion nouvellement acquise. Et puisque l'ego nous mène au pêché, il est mis de côté.

DQ/bleu est la couleur qui a servi de base à l'élaboration de notre système démocratique. Les règles de cette démocratie et la façon dont la morale s'est constituée, ont fait que ce mode de réflexion, tout comme le BO/violet auparavant, prend à nouveau l'orientation vers le « nous », en réaction au « moi » de la couleur CP/rouge. C'est cette couleur axée sur le « nous » qui crée la réflexion de masse. Elle se traduit par l'apparition de comités d'entreprises, organismes patronales, et de grandes parties politiques. Ces sont le genre
d'institutions dont on restait membre à vie si on y rentrait en début de carrière.
C'est le monde des grands gouvernements, d'usines à très grande échelle. Un monde ou le raisonnement en termes d'avantages proportionnelles, notion souvent utilisé dans le management, trouvait une place fondamentale.

DQ/bleu sait assumer d'avantage de complexité environnementale que la fondation de la pensée précédente, parce que contrairement au monde relativement chaotique de CP/rouge, il est plus ciblé et d'avantage structuré.
La structure est issue de l'utilisation de lois, de procédures, de fonctions, de partage du travail, puis de règles normatives qui déterminent ce qui est bien et ce qui ne l'est pas. Elle permet une navigabilité efficace qui donne plus de résultats et qui peut résoudre des problèmes plus complexes que ceux abordés à partir d'un concept CP/rouge.
DQ/bleu voit se profiler le raisonnement structurel, et voit apparaître la notion d'*efficacité*.

Suivre les consignes....

A son arrivée sur la planète il saluait respectueusement l'allumeur de lanternes.

« Bonjour. Pour quelle raison avez-vous éteint la lanterne à l'instant ? » « C'est la consigne » répondait l'allumeur. « Qu'est-ce c'est, la consigne ? « Eh bien, qu'il faut éteindre la lanterne. Bonne soirée. » Et il la ralluma. « Mais pourquoi vous la rallumez maintenant ? » C'est la consigne », répondit l'allumeur. « Je n'y comprends rien du tout » disait le petit Prince. « Il n'y a rien à comprendre. Une consigne, c'est une consigne. Bonjour. » Et il éteignit la lanterne à nouveau.22

Voici les trois grandes forces en DQ/bleu : 23
* Obéissance.
* Ordre.
* Punition.

L'obéissance laisse supposer la présence d'une autorité supérieure, d'une personne représentant la vérité absolue. L'obéissance à l'autorité est grande à condition que cette autorité soit reconnue.
A travers l'ordre, on recherche le confort et la tranquillité d'esprit dans les structures et aménagements.
DQ/bleu est sensible à la peur, et cherche au fond à éviter la prise de risque. L'adulte s'agrippe à ses certitudes, aux structures qui offrent la sécurité, de préférence peaufinée jusqu'à dans les moindre détails.
On démontre la force des convictions « justes » en punissant ceux qui ne se conforment pas. Quand on fait de mauvaises choses, quand on agit contre la Vérité, on se sent coupable. On évite de fréquenter ces « mauvaises » personnes, ces « non- croyants ». Des personnes avec beaucoup de DQ/bleu sont sensibles aux vérités absolues telles que la religion catholique, l'islam, l'humanisme les proclament. Ils sont persuadés que leur façon de faire est la seule qui soit valable. Pour réussir, il faut être comme eux. Pour aller au paradis, il faut être comme eux et suivre leurs règles à la lettre. Puisqu'il s'agit de convictions absolues, ce message est à son tour propagé. Tout le monde doit y adhérer, puisque « nous savons que qui est bien pour l'autre ». Cette couleur a tendance à imposer son propre ordre social aux autres.24
DQ/bleu est donc également la couleur des –ismes, des vérités absolues dans le sens politique comme par exemple le

libéralisme, le socialisme, le communisme et le capitalisme. Le ton sous-jacent est DQ/bleu, qu'elles soient de droite ou de gauche. Cette couleur pense que ceci ou cela est bien pour tous ; il arrive qu'on essaye de convertir le monde entier à cette 'croyance' dans cette fondation de la pensée.

Les meneurs en DQ/bleu se font respecter par le nombre de leurs titres, leur intégrité personnelle, leur ancienneté et leur aptitude à se montrer loyal. Sans la démonstration explicite de cette dernière aptitude on ne tiendra pas longtemps.

Les leaders possèdent des qualités paternalistes, et punissent ceux qui transgressent les règles sans délai. On est très conscient de l'existence de différentes classes sociales en DQ/bleu.

Quelques indicateurs de DQ bleu. 25

Nous avons déjà parlé de la tendance binaire de DQ/bleu: noir/blanc, ou/ou, bien/mal, raisonnement catégorique, bref, de l'absence d'un entre les deux, de gris. Le DQ/bleu ne sait que faire de l'ambiguïté. Quand on est confronté à un comportement qui se résume à « tout ou rien », ou bien à une interprétation du monde en termes de noir ou blanc, on peut supposer avoir affaire à du DQ/bleu.26

Tout le monde doit adhérer à notre religion. Tous le monde doit être marié. Tout le monde doit respecter les règles. Ceci reflète un comportement qui se base sur la supposition que le monde, les personnes, tout qui se trouve sur notre planète se trouve sous le contrôle d'une autorité supérieure (une force plus grande que l'humanité elle-même qui dirige le monde). On doit l'obéissance à cette autorité

et aux règles qu'elle nous dicte sans poser de questions. Ceci implique l'acceptation sans réserve des choses. Il en découle qu'il est malvenu de poser des questions aux autorités ; ça ne se fait pas. Les autorités sont là pour être obéit. On pourra donc observer un comportement servile.

Le DQ/bleu de Mohamed B.

Mohammed B. a déclaré, à l'issu de la prononciation du verdict d'emprisonnement à vie pour le meurtre de Theo van Gogh, qu'il agirait exactement de la même façon si c'était à refaire. « Tous mes

actes me sont dictés par mes convictions religieuses » disait-il, précisant qu'il en assumait toute la responsabilité.
Il a répété à plusieurs reprises qu'il a agit selon ses convictions, obéissant à 'la loi qui dit de trancher la tête à tout un chacun qui insulte Allah et le prophète'. A propos des policiers sur lesquels il a également tiré juste avant d'être appréhendé, il précisait qu'il considère qu'ils ont le droit de savoir qu'il n'a pas tiré sur eux pour les épargner, mais pour les tuer et se faire tuer.
Pour terminer il s'est directement adressé à la mère du défunt pour lui dire de ne pas avoir assassiné son fils par haine, mais uniquement pour obéir à la loi qui dit de 'trancher la tête à tout un chacun qui insulte Allah et le prophète'. Il rajouta qu'il ne pouvait pas sentir sa douleur à elle, ne sachant pas lui-même ce que c'est que de perdre un enfant.

A propos de la différence entre CP/rouge et DQ/bleu.

La transition du bagarreur vers le sportif :

Ce qui fait la différence entre le bagarreur et le sportif est selon moi le contrôle de soi et la courtoisie.[28]
CP/rouge ne contrôle pas du tout ses impulsions, DQ/bleu le fait d'autant plus.

La vie dans le monde ER/orange.

A New York ou à Amsterdam les gens marchent plus vite que dans un petit village Grecque ; ils parlent également plus vite, leurs réactions sont aussi plus rapides. Notre vie est passée à une vitesse supérieure, insidieusement. Ce qui ne veut pas dire que notre corps ne s'en est pas rendu compte. Notre système nerveux porte un poids supplémentaire, d'autant plus qu'il s'agit d'une contrainte. Il est très difficile de s'en soustraire ; on est plus ou moins obligé de suivre ce rythme effréné.
Janine Schreurs Dans: *Genoeg numéro 44*, article « Zuinig zijn op jezelf" Juin/Juillet 2004

Déscription generale du système.

Chaque couleur crée ses propres problèmes à la longue, et pour DQ/bleu les choses ne se passent pas autrement. Le problème majeur en cette couleur est que la créativité et l'expression de soi sont contenus, voir même réprimés. Sur le plan psychologique, ceci provoque une réaction contraire. Si le contexte devient tel qu'on a surtout besoin d'expression individuelle, un nouveau système de réflexion, plus orienté sur le 'moi,' verra le jour.

Le système de valeurs ER/orange présente souvent des traits assez matérialistes.29 En ER/orange, les biens matériels de ce monde sont plus appréciés que tout ce qui est spirituel. Cette couleur, orientée sur le 'moi,' cherche des occasions pour améliorer les choses, pour augmenter le standard de vie.
On pourrait dire qu'en ER/orange le problème numéro un est de vaincre la nature et de contrôler l'univers. On se sert de la science et des dernières technologies pour y arriver. Ceux qui peuvent se le permettre financièrement jouissent de l'indépendance et de l'abondance. La technologie et la science sont considérées comme la solution ultime au problème. On est sans cesse à la recherche d'informations qualitatives.

ER/orange souhaite avoir le choix entre le plus d'options possibles. Et on choisira la crème de la crème. On ne peut donc pas se contenter de choses inefficaces ou inopérantes. Il y a une demande incessante pour le dernier cri, le meilleur. On se donne sans compter, et on attend des autres également un déploiement d'énergie important et des prestations au top. C'est *l'excellence* qui compte, l'amélioration continue.30

Une autre caractéristique d'ER/orange, est de toujours avoir le choix entre plusieurs alternatives.31 Puis on aime exposer ses biens matériels et mettre en avant ce qu'on a réussi à obtenir.
Le Zippie.

On entend par zippies le grand nombre de jeunes Indiens qui ont grandi dans une Inde qui venait de tourner le dos au socialisme pour se ruer sur le commerce mondial et la révolution de l'informatique humanitaire, afin de devenir le centre des services mondiaux. Outlook décrivait ces zippies Indiens comme 'les enfants de la libéralisation' et définit un zippie comme étant 'une personne jeune, entre les 15 et 25 ans, habitant en ville ou en banlieue qui se déplace avec *zip*, vitesse. Elle appartient à la génération Z, elle peut être un homme ou une femme, étudiante ou ouvrière. Elle dégage de la persévérance, elle est ambitieuse, elle est cool, elle a de l'assurance, et elle est créative. Elle recherche à relever des défis, elle adore prendre des risques, et elle ne connaît pas la peur.'
Les zippies Indiens ne se sentent pas coupables de gagner ou de dépenser de l'argent. Ils sont tournés vers leur objectif, ne s'occupent pas de leur sort. Leur regard se porte vers l'extérieur, pas vers l'intérieur. Sur le plan social ils sont mobiles, et ne sont pas attachés à 'leur position dans ce monde'.32

Dans un monde ER/orange le jeu est d'une importance capitale, et les choses ne sont pas personnelles. Une des règles du jeu est la suivante : »rentre dans la compétition avec une attitude active, mais évite ta destruction personnelle ». Deux avocats peuvent par exemple être les pires ennemis durant une session d'un procès, et peuvent quand même aller boire une bière ensemble après les débats.

Gagner selon Jack Welch.

« Faire des affaires est un jeu, et si tu gagnes, c'est l'extase » C'est

Jack Welch qui parle ainsi, co- auteur du livre « Winnen » (gagner). Il ne veut rien savoir du gouvernement, car selon lui « ce sont les entreprises qui gagnent qui entretiennent des sociétés comme la nôtre. Les gouvernements ne produisent rien ».
Une de ses propres stratégies en laquelle il croit dur comme fer, est sa règle de 20-70-10. Elle est appliquée de façon permanente dans la gestion du personnel de l'entreprise General Electric. Les managers doivent établir un classement annuel des rendements de chacun de leurs collaborateurs. Les 20% meilleurs sont chouchoutés avec de l'argent, des actions et tout ce qu'ils souhaitent.
Les 70 % moyens doivent suivre des formations afin d'augmenter leur rendement, et les 10% restants avec les rendements les plus bas, sont virés.34

ER/orange aime autant les débats, l'argumentation que le sport. Ils sont sûrs de leurs idées. Ils s'attribuent des petites victoires qui fournissent la preuve qu'ils sont les meilleurs.
ER/orange est **LA** couleur où la plupart des yuppies se sentent à l'aise.35 Leurs voitures et leurs vies vont à toute allure, ils fréquentent les meilleurs golfs, les hôtels les plus chics, possèdent les maisons les plus luxueuses, fréquentent les plus belles fêtes. C'est une couleur où fleurissent des slogans tels que « la réussite est ma devise ». C'est la couleur où des astuces, comme par exemple trouver des solutions créatives pour payer moins d'impôts, s'arranger avec la loi et l'autorité sont à leur apothéose. Dans ce cadre, il est amusant de raconter que le révérend de la télévision Schuller (The Hour of Power) possède la plus grande église, l'orque la plus imposante, des milliers de personnes dans son église etc. En résumé, il présente beaucoup de facettes ER/ orange.

Le politicien qui s'extériorise à partir d'ER/orange.

Quand ER/orange est dominant, le politicien devient personnellement un médium. On pourrait dire que la politique devient alors une forme d'expression.
Pim Fortuyn a fait de sa vie une œuvre d'art, dont une des facettes était de jouer au politicien. Il a obtenue une écoute à travers des moyens esthétiques. Son engagement très personnel, l'art d'avoir

*su cultiver vêtements et accessoires, son don pour la rhétorique et le refus systématique de codes existants, tout cela a contribué à « l'évènement » que Pim Fortuyn a souhaité représenter.*36
Lorsqu'on raisonne et vit à partir de cette couleur ER/orange, on défend les droits individuels. On pourrait dire que la réflexion de base dans ce système est fondamentalement anti-autoritaire. Puisqu'on est meilleur que 'l'autorité'. Autrement dit, l'indépendance est un bien précieux.
On peut observer la mise en place progressive de cette transition au sein des familles ; le ménage « classique » où l'on donne des ordres aux enfants, est en train d'évoluer vers un ménage où l'on négocie de plus en plus. On peut observer que les enfants sont souvent de meilleurs négociateurs que leurs parents !

Il est également intéressant de prendre conscience du fait qu' ER/orange sait mieux gérer l'ambiguïté que par exemple DQ/bleu, même si cette aptitude n'et pas encore tout à fait au point. Mais la tendance naissante à penser en alternatives existe bel et bien. On se rend compte qu'il y a plus qu'une seule et unique façon de faire. Maintenant il s'agit de trouver la meilleure, contrairement au DQ/bleu, ou la réponse est absolutiste et dichotome. (C'est ou l'un ou l'autre).
On pourrait le dire de façon encore un peu plus précise ; la pensée ER/orange peut envisager plusieurs alternatives, et choisir l'option qui convient le mieux à la personne. ER/orange est en effet une couleur orientée sur le « moi ».
En ER/orange l'expression de soi est calculée au plus juste, afin de ne pas s'attirer les foudres des autres.37 Contrairement à la façon de s'exprimer en CP/rouge, qui est impulsive et irréfléchie.

Quels sont les signes qui indiquent une présence probable d'ER/ orange ?38

Une tendance naissante à accepter l'ambiguïté, contrairement à DQ/bleu, serait un indicateur important. ER/orange dit pouvoir expliquer ce qui serait le mieux à condition d'avoir suffisamment d'informations. Un autre signe serait une attitude confiante devant un problème à résoudre de quel ordre que ce soit, et une demande claire de carte blanche afin de trouver une solution.
En CP/rouge, ceci pourrait se produire également, à la différence

que les solutions proposées seraient simplistes.39 En ER/orange on croit qu'il faut travailler dur pour trouver une solution, on est cependant également convaincu de pouvoir y arriver. 40 L'aptitude à pourvoir considérer les choses sous des angles différents émerge. A la base, il y a toujours la question « qu'est qui serait bien pour moi ? » Donc une référence personnelle. On évoquera prudemment quelques considérations avant d'accepter quelque chose. Les règles par exemple sont utiles, mais il faut se demander s'ils sont nécessaires avant de les accepter.

CP/rouge trouve les règles encombrantes, alors qu'ER/orange regarde s'ils sont dans son intérêt.

ER/orange maîtrise ses impulsions. On peut ressentir qu'une personne soit fâchée, mais la colère est retenue. Tout comportement qui présente un élément négatif sous-jacent, tout en retenu, caractérise l'ER/orange. Contrairement à l'élément souvent négatif CP/rouge, qui est bruyant et assertif. 41

Le comportement ER/orange est souvent cynique, sarcastique, rapide, facile et très critique. ER/orange utilise des mots qui coupent la parole des autres. Ou qui mettent en cause une affirmation concernant une façon de vivre qui serait la bonne. Par exemple : « Aller tous les jours à l'église ? Qui dit que c'est comme ça qu'il faut vivre ? »

Des affirmations qui considèrent le comportement souhaitable imposé par les autorités, les parents, les règles et les lois en général, comme embarrassant et ennuyeux, peuvent être une bonne indication de la présence d'ER/orange.

ER/orange ne pense cependant pas que ces règles ont été élaborées par pure mauvaise foi et par une volonté de nuire, contrairement à CP/rouge.

La différence entre DQ/bleu et ER/orange en termes d'apprentissage.

Un jeune garçon avait des problèmes à l'école Il se disputait avec ses camarades, et était exigeant en classe. Il mobilisait toute l'attention des enseignants.

L'école prenait rendez-vous avec les parents, qui étaient ensuite suivis. Après plusieurs séances il est apparu que le point névralgique était l'attitude des parents envers la « discipline ». Ils pratiquaient des limites assez larges, parce qu'ils souhaitaient que leur fils apprendrait à travailler de façon autonome et à découvrir de nouvelles choses par lui-même. Ils étaient d'avis que les limites ainsi découvertes valaient mieux que celles qui sont imposées. Le frère ainé avait ainsi prospéré, mais le petit avait besoin de limites beaucoup plus strictes. Il fallait lui dire précisément ce qu'il fallait faire. Sans l'énonciation de limites acceptables, il n'était pas sûr de lui. C'est pour cette raison qu'il les cherchait sans cesse. 42

Quand est-ce qu'il s'agit d'ER/orange avec une base de DQ/bleu insuffisante ?

Comme je l'ai déjà mentionné auparavant, les couleurs/ fondations de la pensée se construisent dans le prolongement du précédent. Le fait d'avoir beaucoup ou peu de la couleur qui précède, a ses effets sur la couleur qui suit.

Dans un programme sur American Online du 26 Août 2004, le journaliste sportif John Feinstein donnait une explication pour les prestations décevantes de l'équipe de basketball américain durant les Jeux Olympiques de cette même année. Il disait que la jeune génération ne s'applique qu'à briller en marquant des points spectaculaires, comme par exemple les « dunks », qui donnent accès au sommet du classement de la fédération. Sans prendre la peine d'apprendre les passes très précises et la fluidité du jeu, ce qui demande un entraînement long et intensif avec un bon coach (note de l'auteur : hiérarchie, discipline, être corrigé). L'entraîneur ne contrôle même plus le poids des joueurs. Il les fait récupérer à l'aéroport en limousine pour les amener à l'hôtel, en faisant, si les joueurs le souhaitent, un détour par *Dunkin'Donuts*. 43

Une croissance d'ER/orange peut avoir d'énormes conséquences pour les institutions, à condition que la couleur ne s'aplanisse pas comme dans l'exemple citée ci-dessus, et qu'elle jouisse d'une base DQ/bleue solide et saine.
Wallace D. Wattles écrit dans son livre historique « *The science of getting rich* » à ce propos :

"If people have faith that they can become rich, and move forward with the fixed purpose to become rich, nothing can possibly keep them in poverty ».
(Si les gens croient intimement qu'ils peuvent devenir riches, et avancent avec la ferme intention de le devenir, rien ne peut les maintenir en état de pauvreté.)
Ce qui veut dire que les personnes en tant qu'individu revendiquent à nouveau le pouvoir qu'ils avaient abandonné au système DQ/bleu. Cela pose un problème aux institutions, qui usent et abusent parfois de l'obéissance primaire aux autorités de la population.

Wallace continue ainsi :

« If the masses begin to move forward and use their own minds, neither governments nor industrial systems can check them.
All systems must be modified to accommodate the forward movement." 44
(Si les masses se mettent en mouvement, et utilisent leur propre intelligence, ni les gouvernements, ni les systèmes industriels ne pourront les retenir. Tous les systèmes devront être modifiés pour suivre ce mouvement en avant.)

Est-ce que ER/orange restera économiquement rentable ?

On peut en effet se poser la question. Quand la richesse d'un pays croît, les citoyens ont accès aux moyens qui leur permettent de mettre en œuvre leur propre plan. Il se trouve qu'il existe une corrélation négative entre la croissance économique et l'individualisme.
Quand la croissance atteint le niveau qui permet à tous les citoyens de faire ce qu'ils veulent, elle a comme conséquence des pertes d'un nouveau genre, des »pertes par friction » .45 Je reviendrai sur cette croissance économique dans un chapitre ultérieur.

La vie dans le monde FS/vert.

Vous devez regarder à quel point l'organisation est vivante, comment les gens interagissent et parlent les uns avec les autres, leurs relations.[46]
Yvon Bastien

Description générale du système.

Les conditions posées par l'environnement afin de pouvoir assurer la continuité de la vie, ont pour conséquence que l'endroit ou le pouvoir se trouve se décale.
En ER/orange on se sentait investie personnellement par le pouvoir, en FS/vert ce pouvoir se déplace à nouveau vers l'environnement. La définition et la concrétisation du « pouvoir » changent cependant comme nous le verrons par la suite.
Dans ce sens, la couleur FS/verte, orientée vers le « nous », se trouve en résonnance avec la couleur BO/violette, qui possède cette même orientation. Dans les anciens temps, beaucoup de tribus avaient une structure relativement égalitaire, des méthodes durables qui ne nuisaient pas à la nature, et le respect envers les autres tribus.
Ce qui change avec FS/vert, c'est qu'elle fait suite à l'ER/orange, et qu'elle sait assumer une complexité bien plus importante que celle qu'assumaient les anciennes tribus locales.
La transition vers FS/vert se trouve renforcée par un mécanisme psychique individuel qui se trouve activé par trop d'ER/orange.
La solitude à un niveau plus profond se fait souvent d'autant plus sentir que le succès a été important, et que la manipulation des autres et de l'environnement a pris des proportions importantes.
On a tout ce que l'on a voulu sur le plan matériel ; et après ? Sur le plan psychique il y a une réaction qui fait émerger un nouveau raisonnement qui sera plus orienté vers le « nous ».
Il y a un transfert de la raison vers l'empathie. Ressentir de l'empathie en FS/vert, signifie se mettre à la place de l'autre, ressentir les difficultés des autres, afin de pouvoir accéder à un sentiment d'accomplissement de sa propre vie. Dans un premier temps, l'empathie en BO/violet ne concernait que les membres de sa propre tribu. En DQ/bleu ça concernait d'avantage de personnes. Ceux ayant les mêmes valeurs, personnes pratiquant

la même religion, ceux appartenant à la même nation, suivant la même idéologie. En FS/vert cette empathie concerne le monde entier. L'Empathie en FS/vert fait que les catastrophes arrivant aux autres sont ressenties comme les siennes. On ressent la vulnérabilité, la faiblesse et la souffrance de l'autre presque littéralement dans sa propre chair. L'Empathie est le nouveau lien sur le plan social en FS/vert, dont les droits universels fondamentaux des hommes forment le code comportemental.47

Cette empathie ne supporte pas le tort fait aux personnes, ni les préjugés. Des parties de DQ/bleu sont rejetés parfois violemment. Par exemple le phénomène de la punition.
Dans le système FS/vert il n'existe pas de paradis ni d'enfer tel que l'on peut les trouver en DQ/bleu. Le raisonnement nationaliste a également disparu en FS/vert. Aucune raison n'est suffisamment valable pour tuer ou pour mourir. On aspire à vivre en paix, mais sans la religion comme en DQ/bleu. On retrouve une certaine rigidité en FS/vert, mais ce n'est pas celle qui brandit le Livre Sacré. La rigidité se trouverait dans « l'obligation de la parité » et de vouloir faire en sorte que« tous les avis comptent ».48

Tout le monde peut intégrer un groupe FS/vert, même les personnes fonctionnant dans un système majoritairement CP/rouge. FS/vert part du principe que tout le monde est beau et gentil. Le système FS/vert utilise la culpabilité comme punition si besoin comme nous l'avons déjà vu. Mais tôt ou tard il peut arriver qu'une personne soit exclue en cas de nuisance grave à l'harmonie et au consensus du groupe par exemple.
La pire des choses qui peut arriver à une personne fonctionnant principalement dans le système FS/vert, est de recevoir le message « nous ne t'aimons plus, et on t'exclu du groupe ». En ce sens, le groupe FS/vert peut être dur. Les relations font partie des choses primordiales dans la vie de FS/vert. Etre exclu est donc un évènement très douloureux dans cette couleur.

L'avantage est par contre, que le groupe en tant que tel perçoit assez bien en cas de besoin comment agir envers la personne posant problème.

FS/vert est donc une couleur très humaniste. Prendre soin de l'autre occupe une place centrale, faire en sorte que l'harmonie entre hommes et femmes soit construite et préservée, tout en respectant notre univers. Des activités sociales se profilent quand tout le monde y apporte sa contribution. Une personne fonctionnant surtout sur le mode FS/vert aura de toute façon tendance à tout vouloir partager avec les autres. Si besoin, on est prêt à se sacrifier pour l'Amour avec un grand A. Ceci parce que tout le monde, comme il l'a déjà été mentionné, est beau à sa façon.

Dans le monde FS/vert nous sommes tous liés les uns avec les autres, on forme un seul être en quelque sorte. Donc chaque forme de dysharmonie ressentie fait partie du propre ressenti (relativiste). FS/vert met l'accent sur le sens de la communauté à petite échelle, et sur la collaboration à l'échelle mondiale. A fur et à mesure de l'apparition de caractéristiques de cette couleur dans les institutions sociales, elles s'orientent plus vers les personnes et commencent en même temps à travailler à partir d'un concept de parité.

La parité concerne l'égalité entre races, sexes, contextes culturels etc.

FS/vert est fondamentalement le véritable raisonnement du consensus. Ce qui fait que tout le monde a droit à la parole, autant qu'il veut. Ca peut continuer éternellement pour ainsi dire. Le monde FS/vert a une vision relativiste et situationnelle du monde et perçoit beaucoup d'options. C'est pour cette raison que tout le monde a le droit d'avoir son propre avis. La question centrale qu'une personne pratiquant un raisonnement FS/vert posera toujours est : »Qu'est-ce vous en pensez ? »[50]

Les choix que l'on fait sont plus souvent basés sur des sentiments que sur la raison. Les règles et les lois qui sont si importants en DQ/bleu sont considérés comme nécessaires, mais ne doivent pas entraver, et s'il en faut, alors plutôt le moins possible. Et elles doivent garantir une certaine flexibilité. Dans la vision FS/verte, la maîtrise et le contrôle sont considérés comme nécessaire, mais doivent être maniés de façon à ne blesser personne.

Dans les relations avec d'autres groupes, c'est souvent le principe d'avoir chacun ses règles et façons de faire, et que c'est bien comme ça. Le principal est de ne pas avoir de ressentiments envers les autres, même si un autre groupe aurait des pensées négatives à notre égard.

Cette couleur considère le monde comme un réseau de relations, ce qui a comme conséquence que le raisonnement linéaire DQ/bleu en termes de pouvoir, et celui plus cyclique d'ER/orange se voit remplacé par un raisonnement non- linéaire. Ces relations sont non-linéaires, non-hiérarchiques. Les hiérarchies existantes s'estompent, et se transforment en collaborations horizontales. Les informations et tendances traversent ainsi tout le réseau, et peuvent retourner librement.
Ainsi le réseau s'autorégule. Son caractère ouvert et sa relation diffuse avec son environnement provoque une certaine instabilité dans le sens classique du terme.
Il y a un flux continuel de « nouvelles »informations qui traverse le réseau.51
Une telle fondation, en combinaison avec le relativisme de cette couleur, résulte en encore d'avantage de flexibilité et un plus haut degré de liberté qu'en ER/orange. Cette couleur est donc capable de gérer une complexité plus importante. Les problèmes FS/verts ont leurs conséquences sur le raisonnement économique. Car avec FS/vert on voit arriver le raisonnement humain et écologique dans la conscience collective. Les thèmes comme « développement durable » et « charte écologique » apparaissent sur les agendas dans cette couleur. On voit également l'émergence de la notion de l'éco psychologie, qui tient l'éloignement de l'homme de la nature pour responsable de l'apparition de nombre de pathologies mentales et physiques. Et qui démontre que la reconnexion de l'homme à la nature peut initialiser un processus thérapeutique bénéfique et puissant, non seulement pour l'individu, mais également pour la société tout entière.52
Dans le monde FS/vert les affaires compétitives (*competitive* business) se transforment en des affaires où l'on a à cœur de prendre soin des autres et du monde (*caring* business). 53

L'économie du marché est mise au défi par une économie en réseau qui intègre la notion de durabilité dans son raisonnement et ses actions. L'économie devient *interdependent economy* (voir en-tête suivant), une économie inter dépendante.
La croissance économique comme but primaire est critiquée, car elle ne tient pas compte de façon explicite de l'être humain, de la présence de l'homme dans le processus économique. En FS/

vert, le véritable objectif de l'économie à grande échelle est de faire participer tout le monde de façon durable. En tant que tel, il remplace l'objectif actuel, à savoir : la croissance assortie d'une condition périphérique, une stabilité optimale.
L'indicateur économique de croissance, par exemple le produit national brut
(PNB), est une unité de mesure qui certes informe sur la quantité de transactions, mais il ne donne aucune indication sur la participation économique de l'homme, et encore moins sur la qualité de cette participation. Les indicateurs introduits par « interdependent economy » mesurent homme/qualité. Un indicateur compte combien de personnes ne participent pas (suffisamment) à l'économie, et l'autre mesure si cette participation est conforme à une qualité de durabilité minimale.54
Le nouveau point de départ n'est plus la croissance économique en soi, mais plus 'la croissance, où, et en quoi', et aussi 'où, et en quoi elle ne se produit pas', partant de la contribution aux bien-être humain. La croissance devient ainsi une croissance nuancée ou relativiste.

Interdependent economy

Interdependent economy pose que les personnes expriment leur culture (façon de vivre en société) dans la façon dont ils organisent leur économie. Ces façons propres sont également celles qui garantissent au mieux le bien-être et le potentiel de développement de la communauté. *Interdependent economy* avance l'argument que les liens économiques entre les différentes branches de l'économie, par exemple le commerce ou l'aide aux pays en voie de développement, doivent être tissés, tout en ayant au mieux conscience des centres d'intérêt et des valeurs culturelles de chaque région et de chaque peuple. Ce qui veut dire concrètement, que les responsables et l'administration peuvent protéger et développer les formes économiques locales et régionales de façon encore plus assertive qu'avant. Puis ça veut dire également, qu'une distance respectueuse est parfois préférable à une aide bienveillante, et que la « solidarité avec les pays pauvres » signifie souvent simplement le partage d'une part du marché plutôt que l'envoi d'une aide alimentaire. Le premier donne également une chance de survie aux économies qui

disposent de peu de moyens et de peu de technologies avancées. Le deuxième est souvent lié à un dérèglement des structures locales responsables de l'approvisionnement en nourriture.
Extrait de: *Spiral Dynamics, economie en nieuw leiderschap* Article de Liem Giok in et Max Herold (sur:managementissues. com)

Un dernier exemple pour conclure. Il n'y a pas que de nombreuses institutions reconnues d'utilité publique qui sont privatisées, avec toutes les augmentations de prix qui en découlent (comme par exemple les manipulations dans l'affaire Enron).
Le mécanisme du marché extrêmement libre en ER/orange, a eu par exemple comme conséquence qu'à l'heure actuelle les patentes sur toutes les semences au monde appartiennent qu'à quatre grandes multinationales. Ce sont donc ces entreprises qui détiennent le pouvoir sur toute la nourriture. Elles produisent actuellement également des semences génétiquement modifiées, dont les produits ne donnent plus de grains. Les paysans sont donc obligés de racheter leurs semences et deviennent dépendant des multinationales en question. 55
Lors de l'émergence de FS/vert, ces pratiques seront fondamentalement mises en question, et on se posera la question si elles contribuent à la qualité de vie et le bien-être de l'humanité.

Quels sont les signes qui indiquent une présence probable de FS/ vert ?56

°Relativisme.57

La première chose que l'on remarque, est que le raisonnement change vers une approche relativiste et situationnelle.
L'idée que tout a une valeur, se traduit en des phrases telles que : »chacun sa route, nous avons la nôtre, et il ne m'appartient pas de juger l'autre ».

°Décider à partir de sentiments et en fonction du groupe.

Il est important de remarquer qu'en FS/vert, l'individu considère plusieurs alternatives du point de vue intellectuel, mais que ce sont les sentiments qui ont le dernier mot en ce qui concerne la

décision. Ni l'information, ni la connaissance, ni les règles. On pourrait dire que dans cette fondation de la pensée, le mécanisme décisionnel, qui est un mélange de relativisme et d'empathie, occupe une place centrale. Le noyau de la vie en FS/vert, ce sont les gens, les amis et relations empathiques.
L'individu possédant beaucoup d'éléments FS/vert est persuadé que les choses devraient être ou/et aller autrement, mais qu'il n'est pas celui ou celle qui les mettra en œuvre. Si changement il y a, ce sera le groupe qui prendra cette initiative, mais pas l'individu à titre personnel.
Caractéristique pour cette couleur est le fait que la seule chose qu'ils se permettent de juger de façon négative, c'est de blesser autrui.

La vie dans le monde GT/jaune

*Le problème qui se pose concernant nos idées actuelles sur la morale, c'est qu'elle est trop linéaire et de caractère trop locale pour pouvoir influencer le comportement de façon homogène. Les effets sont souvent très éloignés et de longue portée. Et puis ils ont de surcroît un caractère systématique.*58
Jeremy Rifkin

Description générale du système.

Le coté malsain du système FS/vert est qu'on peut parfois s'embourber dans une mare d'émotions et sentiments, ce qui peut nuire aux résultats et à l'efficacité. Ceci peut activer un niveau supérieur dans le cerveau ; le GT/jaune.
Le monde GT/jaune prend conscience de l'accumulation de problèmes crées dans les couleurs précédentes, et du préjudice que tout cela porte au monde. L'incapacité de trancher du vert, la fuite matérialiste en avant de l'orange, la rigidité du DQ/bleu, l'impulsivité du CP/rouge, certains rites hors du temps du BO/ violet, et la passivité de l'AN/ beige et ainsi de suite, n'ont pas laissé un monde meilleur à bien des égards.
La couleur GT/jaune se préoccupe d'un coté de l'impacte créé par cet état de fait, et se considère de l'autre coté comme individu parmi les autres individus.
Dans sa vision globale des choses, cette couleur tend à être indépendante de façon responsable en privilégiant la fonctionnalité, la compétence, et la spontanéité. On prend le chemin d'une mise à niveau et d'un développement permanent personnalisé de façon naturelle. On est à tout moment ouvert à quel apprentissage que ce soit, peu importe de quelle source elle émane. Que ce soit de l'éboueur au coin de la rue au milieu de la nuit, ou du PDG d'une institution importante durant un repas d'affaires. Quand on a le « virus » GT/jaune, on fait confiance à ce qui semble être forcément et naturellement l'étape suivante. On apprécie en premier lieu un contenu de bonne qualité, des informations honnêtes et pures, les cartes sur la table, pouvoir poser des questions ouvertes, puis on a une véritable curiosité d'apprendre.59

Santé Systémique.

Le moteur de la fondation de la pensée FS/verte est le bien-être
de l'homme. En GT/jaune le système rentre dans l'élaboration de
la motivation. Un intérêt pour la fluidité naturelle d'un système,
que l'on pourrait appeler « santé systémique », émerge. On prend
conscience de l'interaction entre sa personne et le système
(l'éco système) dont on fait partie. GT veut connaître et ressentir
ce système à fond. Cette connaissance aide les personnes à
survivre dans ce monde, et si cette couleur apporterait quelque
chose, ce serait au système en tant que tel et à son aptitude à
fonctionner de façon saine. Dans la simplicité spirituelle d'être
qui émerge en GT/jaune, le besoin de laisser son empreinte dans
ce monde est inexistant. On n'a rien à prouver ; ce que l'on veut,
est de « ressentir » et de pouvoir en tirer les leçons. Cette couleur
est orientée sur le « moi », sur les intérêts personnels, et elle est
en même temps capable de vivre en harmonie avec le système
mondial.

Quand GT/jaune émerge dans notre façon de réfléchir, on ressent
comme un déclic, une cassure positive. On prend conscience du
fait que toutes les couleurs précédentes se considéraient comme
LE système de valeurs universel. C'est un phénomène qui est
intéressant à observer.
GT/jaune vient d'un monde qui connaît quantité de conflits entre,
et même au sein des couleurs. On prend conscience du caractère
relativiste de chaque système de valeurs, puis également du fait
que ses propres angoisses étaient engendrés par le caractère soit
disant« absolu » conféré jusqu'alors à un ou plusieurs systèmes de
valeurs.

Ce qui a de bien, c'est que quand GT/jaune émerge, les angoisses
disparaissent suite à cette prise de conscience.
Quand une voiture vient foncer droit sur nous, bien sur qu'on va
tout faire pour l'éviter. Les réflexes naturels pour éviter les dangers
restent intacts. Mais les angoisses tels que : » est-ce que j'aurais de
quoi vivre quand je serai à la retraite, qu'adviendra-t-il du monde,
est-ce que mon patron va me virer ? » etc. disparaissent.
C'est la première personne, depuis que l'être humain a pris
conscience de son propre « soi » au niveau CP/rouge, qui ne

connaît pas la peur. Il n'a pas peur de forces supérieures en quelle forme que ce soit, il n'a pas peur d'être exclu, ni d'être désapprouvé, ni de mourir (bien que ce ne serait évidemment pas son souhait à priori…). Il accepte tout ce que qui doit arriver en tant que tel. Simplement parce que ça fait partie de la vie.[60]
Il ne commence pas à trembler quand son patron rentre. Il est capable de lui dire tranquillement : « nous avons terminé, et voilà la porte » s'il le faut. Il n'a pas peur de lui dire en face ce qu'il pense de lui, il le fait aisément et sans réserve. Il s'est élevé au delà des angoisses courantes de l'humanité.
Imaginez ce que cela implique, si toute cette énergie, qui avant était mobilisée pour contenir les angoisses se libèrerait, et
se trouverait être disponible pour entre autres les processus cognitives.
A fur et à mesure que la couleur GT/jaune s'empare de nous, les pensées du genre « qu'est-ce qu'il se passerait si »…. et les rêves concernant le futur genre « si seulement ….. » diminueront. On pourrait dire, que plus que l'on sera imbibé en profondeur par cette couleur, plus que l'on découvrira la présence d'une liberté personnelle qui ne nuit pas à autrui, et qui ne sera pas porteuse d'intérêts personnels excessifs ni négatifs.

En GT/jaune on connaît ses limites, ainsi que ses restrictions physiques et mentales, mais on sait bien se débrouiller avec, et faire appel à sa créativité pour résoudre les problèmes que l'on rencontre. Cette aptitude se trouve renforcé par la forte diminution d'angoisses restrictives de cette couleur. Le pouvoir créatif est plus grand en GT/jaune que dans toutes les autres couleurs réunis.[61]
Cette couleur se moque de « ce que les autres en pensent».
La réflexion « hors cadres » est presque comme une aptitude naturelle en GT/jaune, à tel point que cette façon de réfléchir devient la norme au lieu de l'exception dans cette couleur.

Graves avait pour habitude de réunir des personnes différentes dans des circonstances variées, et d'observer leur mode opératoire sur le plan humain ; comme « dans le laboratoire de la vie » selon ses propres termes. Il formait par exemple un groupe d'individus à dominance CP/rouge, puis un autre à dominance DQ/bleu, et observaient comment ils abordaient des problèmes qui avaient plusieurs solutions. Ses conclusions étaient que le

groupe à dominance GT/jaune trouvait plus de solutions que tous les autres groupes réunis. 62
Il a également constaté que le temps de trouver ces solutions était nettement plus court dans ce groupe que dans les autres. GT/jaune ne perdait pas son temps avec du superflu. Il observait dans les groupes »inférieurs » une tendance à re- essayer la même méthode, même si elle ne marchait pas. GT/jaune en essayait tout de suite une autre.
De par son autonomie émotionnelle, la personne GT/jaune pose souvent des problèmes au sein de certaines institutions, d'autant plus qu'elle préfère déterminer seule en quoi consistera sa contribution à l'entreprise. Ce qui peut créer un paradoxe intéressant dans un contexte bureaucratique hiérarchisé. D'une part les supérieurs apprécient le savoir faire créatif de la personne encrée en GT/jaune, mais elle est d'autre part très difficile à faire rentrer dans un cadre bien défini, à « caser » au sein d'une entreprise. En termes de connaissances et de savoir faire, on pourrait dire que le système de réflexion GT/jaune combine l'aptitude à ressentir du monde FS/vert avec la connaissance et le véritable savoir « de l'intérieur ».63
Cette fondation de la pensée GT/jaune possède une âme d'explorateur systémique, curieuse et naturelle, qui la pousse à vraiment vouloir connaître et savoir, ressentir de l'intérieur. GT/jaune sait réfléchir de façon conceptuelle, et aime pouvoir comprendre les tenants et aboutissants. Des personnes à dominance GT/jaune ne dépendent plus des « on dits », et elles possèdent un sens de l'éthique, du respect pour ce qui les entoure, provenant du désir fondamental de ne pas laisser de trace sur cette terre.

GT/jaune trouve les problèmes complexes et à long terme très intéressant. Les personnes ayant un projet qui réunit tout cela, avec des retombés mondiaux comme par exemple un scénario du futur, trouveront en des individus à cette dominance de très précieux collaborateurs.

Quels sont les signes qui indiquent une présence probable de GT/jaune? 64

En GT/jaune on voit apparaître un comportement qui indique que le fait que le monde soit complexe, multi facettes et plein de paradoxes ; ne pose pas de problèmes particuliers. Les personnes sont tout à fait capables de décrire des faits par rapport à une situation donnée avec précision et de façon objective, contrairement au FS/vert où ils donnent l'impression de ne pas savoir exactement ou se situer à cause de leur tendance au relativisme. Le point de référence dans la façon d'agir en FS/vert n'est pas tout à fait le même qu'en GT/jaune ; le dernier possède une réflexion et un regard situationnelle et relativiste, tout en sachant exactement où se situer personnellement. On a ses propres valeurs et opinions, qui ne doivent pas obligatoirement être ceux des autres. Il y a la place pour l'expression d'avis divergents, l'autre a tout à fait le droit de penser autrement et de le dire. En ceci l'univers GT/jaune se distingue du DQ/bleu, qui trouve que l'avis personnel doit être « reconnue » comme étant valable par tout un chacun. (Caractère absolutiste).
En GT/jaune la conclusion suit la logique, contrairement au FS/vert, où la conclusion suit l'intuition. Un bon moyen de différencier GT/jaune de l'ER/orange est l'argumentation ; GT/jaune défendra sa conclusion tant qu'il pense être dans le vrai et qu'il n'est pas confronté à des arguments qui démontrent le contraire.

Les conflits dans le monde en tant qu'expression des couleurs.

En comprenant mieux les fondations des pensées symbolisées par leurs couleurs différentes, les conflits qui sévissent dans le monde deviennent aussi un peu plus compréhensibles. Regardons de plus près quelques « collisions « entre ces univers divergents.

BO/violet contre BO/violet.

Dans l'univers BO/violet, tout tourne autour les liens de sang et du clan. Dans certains endroits du monde il y a beaucoup de clans qui rivalisent. Arrosés d'une sauce CP/rouge, cela donne des seigneurs de guerre comme on peut les trouver encore en activité en Afghanistan par exemple. La couleur violette peut mener facilement à des phénomènes comme la purification ethnique, à cause de sa focalisation sur les liens de sang et l'appartenance ethnique.
Une note en passant : ceci peut également arriver dans un contexte DQ/bleu. Dans ce cas, ce sera en suivant les ordres du patron qui préconise une telle entreprise, comme on a pu le voir par exemple pendant la deuxième guerre mondiale pour la mise en place des camps de concentration et tous les drames qui s'y sont déroulés.

DQ/bleu contre BO/violet.

DQ/bleu est fortement doté de traits paternalistes. Quand la réflexion se fait en termes de « bien » et « mal », de Vérité absolue, on sait donc ce qui convient de faire et comment l'autre devrait se comporter. Ce message est communiqué sans équivoque dans le monde DQ/bleu. Les comportements fondamentaux sont transcrits dans les lois. La constitution organise les libertés individuelles, le patrimoine privé, et l'égalité entre êtres humains. Cette constitution est souvent contraire aux habitudes du BO/violet, comme par exemple les mariages arrangés et d'autres règles courants au sein du clan à propos du partage des biens. Cet état de fait est fréquemment à l'origine de problèmes d'intégration. Les communautés majoritairement orientés vers le BO/violet qui habitent dans un pays occidental, se retrouvent souvent sous pression à cause de leurs jeunes qui découvrent des

mondes plus orientés vers le bleu et l'orange, comme le démontre l'histoire d'Ayse mentionné dans un chapitre précédant. Ceci peut mener à la vengeance et aux crimes de sang.
Il est également important de réaliser que les puissances nomadiques, autrement dit BO/violet, ne s'enracinent nulle part, et ne peuvent s'adapter à des limites physiques et normatives d'un état traditionnel, comme Paul Frissen le décrit dans un de ses livres.65 L'Etat Nation a de très fortes caractéristiques DQ/bleues, mais ne veut pas dire grand-chose dans un univers BO/violet.
DQ/bleu contre CP/rouge.

En CP/rouge les choses ne sont pas considérées calmement avant de passer à l'acte. Certaines, comme par exemple une législation faite par un gouvernement, sont des choses incompréhensibles. Comment ça, il faut s'y tenir… !
Ce qui compte, c'est la satisfaction immédiate des désirs fondamentaux. Un peu selon le vieux dicton en vogue dans certains milieux au moyen âge : »Ce que l'œil voit et convoite, doit être pris par la main ».66
Puis c'est MOI qui veux le pouvoir, pas question de le laisser à un gouvernement. Je veux être un macho, comme ceux qu'on voyait en images durant les évènements violents dans les banlieues des grandes villes Françaises en 2005. « Où est la caméra ! », ils criaient, pour montrer aux autres à quel point ils étaient courageux. On se fout pas mal du long terme. Dans cet univers, on possède un arc de concentration, la possibilité de se projeter dans le futur, d'environ vingt minutes seulement…67
Tout ceci est difficilement tolérable pour l'univers DQ/bleu, qui est d'avis « qu'il faut obéir à l'autorité supérieure ». L'autorité DQ/bleu veut punir, et c'est justement une chose à laquelle CP/rouge est insensible. Au contraire, plus qu'une personne CP/rouge sera puni, plus qu'elle sera respectée et reconnue comme un vrai macho, un dur à cuire.

DQ/bleu contre DQ/bleu.

On dit de cette couleur qu'elle est à la fois la plus paisible et la plus violente. Quand on croit dur comme fer en une « Vérité Absolue », on peut facilement rentrer en collision avec d'autres, qui sont partisans d'une *autre* «Vérité Absolue ». S'il y a combat,

l'enjeu devient une » Cause Supérieure », qui peut prendre un laps
de temps très long avant de se terminer.
Certains chefs d'état mettent de l'huile sur le feu, en lançant des :
« si vous n'êtes pas avec nous, vous êtes contre nous ». On pourrait
se poser la question s'ils gagnent d'avantage d'argent en agissant
de la sorte. Dans ce cas, ce serait de l'ER/orange malsain. Se
croyant dans leur bon droit, ces personnes DQ/bleues combattent
soit jusqu'à la mort, dans le sens propre et figuré, soit jusqu'à ce
que l'autre capitule.

ER/orange contre DQ/bleu.

Les deux mondes sont peu compatibles : le « moi » corporatiste
d'ER/orange est poussé par l'intérêt personnel, et se trouve en
face du « nous » conservatif de DQ/bleu. Cela pourrait être des
anciens communistes, ou des religieux qui souhaitent montrer le
chemin d'une vie juste, jusqu'au moment que la génération des
aînés voit à regret dépérir et disparaître ses spécificités culturelles
(peu importe laquelle) avec l'ordre et les certitudes qui allaient
avec. Les nations se creusent sur le plan de leurs souverainetés au
nom de l'objectif Mc Monde.
Les croyants, porteurs d'une bonne dose de DQ/bleu, se
sentent menacés. Le comportement correct « comme il faut » et
la tendance à l'ordre de DQ/bleu sont mis sous pression par la
réflexion plus individualiste d'ER/orange, qui pense en termes
d'alternatives et se demande à chaque fois « qu'est ce que ça va
m'apporter à moi ? »
DQ/bleu est également la couleur de l'intérêt commun. C'est pour
cette raison que les institutions qui sont considérées comme étant
d'une importance capitale pour la santé et le bien être, (comme
les services de la distribution de l'eau, les institutions de santé
publiques, de l'éducation, de la sécurité, la gestion du patrimoine
naturel etc.) ont été délibérément maintenues hors de la porté
des entreprises. Ce domaine public se trouve sous pression. D'un
point de vue historique, le monde de l'entreprise a toujours été un
peu mal à l'aise avec ces fonctions publiques, vécues comme des
occasions ratés de faire du profit.
Entretemps les grandes entreprises deviennent des plus en plus
influentes ; leur impacte sur la politique est croissante. En ER/
orange c'est normal. Joe Bakan écrit à ce propos dans son livre

intitulé 'The corporation, het pathologisch streven naar macht en winst' :

« Le manager qui refuse d'influencer la politique à cause du principe de respect pour l'intégrité du processus démocratique, ne cause pas seulement du tort à ses propres actionnaires, mais ne respecte pas non plus l'obligation légale faite à l'entreprise de promouvoir ses propres intérêts. Ce n'est pas le rôle des dirigeants de grandes entreprises de protéger la démocratie, mais de tenir compte des incertitudes et de contourner les obstacles qu'elles créent ».

En ce moment, il y a bon nombre d'endroits où gouvernements et politiques ont capitulés, et où d'autres intérêts commencent à peser dans la balance.
Un petit exemple serait Edison Schools. C'est une entreprise cotée en bourse, qui gère des écoles pour des exécutifs locaux, et qui a finalement souhaité posséder ses propres écoles. Il y a peu de temps, ses actions ont dégringolés. L'entreprise s'est débarrassée des manuels scolaires, des ordinateurs, des ustensiles de laboratoire en autres afin des faire des économies, et a mis les dirigeants dans un local de classe.68

ER/orange contre BO/violet.

Les excès d'ER/orange rentrent des fois en collision avec BO/violet. La réflexion au sein d'un clan se base sur un comportement différent. Qu'il s'agit de Kurdes en Iraq, de Basques ou de tribus ou clans différents en Afghanistan, comme les Pachtouns, les Hazaras, les Ouzbèques et les Tadjiks. Ils se sentent pris au piège par l'évolution au niveau mondial. Les liens entre les différentes tribus et leurs habitudes, établies depuis plusieurs siècles, se trouvent menacés par le caractère économique expansif d'ER/orange. Les tribus, qui depuis des centaines d'années ont utilisé et livré certains produits naturels, n'ont du jour au lendemain plus le droit de le faire, parce que le profil de l'ADN, la structure génétique a été 'patenté' par une entreprise à l'autre bout du monde. Cela provoque de la colère et de l'incompréhension. On peut observer dans ce contexte de globalisation un autre point de friction important. Thomas L. Friedman le décrit très bien dans son livre intitulé « de aarde is plat » (le monde est plat) en écrivant ce qui suit :

« Les cultures et modes de réflexion tribales dominent encore dans un grand nombre de pays Arabes, et ils s'accordent souvent mal avec la coopération. C'est quoi la devise d'une culture tribale ? « Moi, mon frère et mon neveu ». Et celle du mondialiste qui élabore des réseaux de distribution internationaux ? « Moi, mon frère, mon neveu, deux personnes à Pékin, six en Bangalore, trois en Allemagne, et quatre autres que l'on a contacté par internet. Tous ensemble, on peut mettre au point un réseau mondial ».69

Le cadre de réflexion ER/orange met les positions de force existantes dans ces pays, notamment ceux des hommes envers les femmes, vraiment sous pression. Ce qui ne manque pas de provoquer des contre- réactions du pouvoir établi.

FS/vert contre ER/orange.

En FS/vert on est d'avis que l'ER/orange a également ses limites. Par exemple la croissance sur le plan matériel sans égards pour où et comment cette expansion se fait. Les pratiques d'exploitation de certains groupes de personnes, comme par exemple dans les « sweatshops » aux Philippines, deviennent un problème émotionnel pour cette couleur. 70
Prenons un autre exemple. Si certaines entreprises peuvent se développer grâce à une coupe de bois illimitée en Amazonie malgré toutes les conséquences de cette pratique pour le bien être de l'humanité, un élément fondamental de FS/vert sera ébranlé.
FS/vert considère que les excès d'ER/orange résultant de la focalisation trop importante sur la valeur des actions en bourse, ressemble à « un élevage intensif d'être humains ».71
Le capitalisme, focalisé sur le « toujours plus », crée son propre ombre et contre courant. L'abondance prend une autre signification en FS/vert ; ce qui améliore la qualité de la vie, ce qui nous la rend plus accessible. Ce ne sont pas seulement la quantité d'argent ou les biens matériels que l'on peut posséder. En FS/vert, l'abondance est ce qui enrichit les aspects profondément humains de nos vies.

La collision entre ces deux couleurs, est celle entre le calcul excessif, froid, et rationnel, puis le bien être de l'humanité dans son sens le plus large.

 L'anecdote suivante en est une simple illustration. Quand General Motors a conçu sa nouvelle Malibu plus petite en début des années '70, on a demandé à un technicien de faire une analyse des possibles incendies par rapport à l'emplacement du réservoir de carburant. Son rapport faisait apparaître que si le réservoir restait au même endroit, il serait susceptible de provoquer environ 500 incendies /accidents par an. Ce montant était multiplié par le montant maximum d'un dédommagement auquel l'entreprise pourrait être condamnée en cas de brûlures graves ou décès des occupants du véhicule, à savoir $ 200.000, -. Ce montant de 500 X $200.000 était divisé par 41.000.000, qui correspondait au nombre de voitures sortant des usines de General Motors et qui roulaient aux Etats-Unis à cette époque. La conclusion était que ceci coutait $2.40 par voiture à GM. Les frais engagés pour améliorer la sécurité des réservoirs étaient estimés à $8,59 par voiture. Donc GM gagnerait $6,19 supplémentaires en laissant les choses en l'état, autrement dit, en acceptant que des personnes y perdraient leur vie en cas d'incendie.[72]
Un raisonnement froidement comptable, ce qui signifie également se décharger des frais au détriment d'un autre si possible. On peut en faire payer le prix à l'environnement, ou laisser émerger des maladies relatés au stress en omettant d'en réduire les causes. Qui payera ces frais ? En tout cas pas l'entreprise qui est soumise à l'obligation légale d'augmenter au maximum la valeur de ses actions et qui s'y tient aveuglement.

Une des histoires de la mythologie grecque est assez symbolique, et peut illustrer ces propos. Elle démontre comment le calcul froid et rationnel excessif se termine très mal en général.
Un marchand de bois nommé Erysichthon est très riche d'un point de vue ER/orange, et également très cupide. Rien n'est sacré pour lui. Sur ses terres se trouve un arbre qui est dédié aux Dieux, les esprits sacrés dansent autour. Il n'en a rien à faire. Il regarde l'arbre à travers ses yeux de marchand, et estime combien de planches de bois il pourrait en tirer. Malgré les protestations, il abat l'arbre ; toute vie spirituelle qui était lié à cet arbre doit fuir. Un des Dieux cependant le maudit pour sa cupidité. A partir de ce jour

fatidique Erysichthon a une faim insatiable. Il mange tout ce qu'il a, et termine toutes ses provisions. Ayant toujours faim, il mange également sa femme et ses enfants. Se retrouvant tout seul, il finit par se manger lui-même.[73]

En termes de 'Botsende beschavingen' de Samuel Huntington, il s'agit donc d'une nouvelle collision entre le corporatisme ER/orange pure souche, symbolisé par Mc Donalds, et par exemple les antimondialistes (on devrait plutôt les appeler anti-corporatistes), qui agissent plutôt à partir d'un fondement de la pensée FS/vert.
Surtout l'ER/orange malsain n'a pas beaucoup d'affinités avec FS/vert. Pas seulement à cause de l'aspect un peu « soft » de cette dernière, mais surtout à cause de la transparence qui rend visible ce qu'ER/orange aimerait mieux garder dans l'ombre. Comme l'affaire ENRON par exemple. On pourrait dire ma même chose à propos d'autres mécanismes liés au pouvoir à l'échelle mondiale.

Pour terminer: les changements de société nécessaires.

1.   Ne pas jeter le bébé avec l'eau du bain.

Il ya probablement une chose qui n'a pas encore été dite assez clairement dans ce livre. Même si le degré de complexité augmente sans cesse, ça ne veut pas dire qu'une couleur donnée disparaîtra. Les couleurs doivent être observés dans leur contexte, et se construisent à partir de leurs prédécesseurs comme nous l'avons déjà vu dans l'introduction.
En observant les institutions dans nos sociétés, on peut observer qu'une augmentation de la complexité ne veut pas forcément dire que les couleurs précédentes sont devenues obsolètes. Laisser une place trop importante au mode de réflexion ER/orange dans des institutions à vocation publique et sociale, serait tenter le diable, tout simplement parce que cette couleur ne pense pas en termes d'intérêt général, sauf si ça rapporte de l'argent. Il faudrait y rajouter une nouvelle composante du « nous ». D'une part en maintenant une base DQ/bleue solide, matérialisée par des règles et lois qui donnent la priorité à l'intérêt général, et d'autre part en y rajoutant une touche de FS/vert, qui rendrait les relations avec les clients un peu plus interactives. ER/orange peut apporter sa contribution dans ces institutions en essayant d'améliorer l'ensemble, mais pas sur le plan financier en vue d'augmenter la valeur des actions. Les lois régissant les finances servent que très rarement l'intérêt général en premier lieux.

2.   Savoir quelles couleurs ont besoin d'une transition.

J'aimerais évoquer deux choses dans ce contexte. Il s'agit d'un excès d'aspects négatifs de BO/violet, puis également d'un excès d'aspects négatifs de CP/rouge.
Trop de ce BO/violet nuit à la constitution Néerlandaise, mais également à celle d'autres pays dans le contexte mondial qui est le nôtre. Le libre arbitre individuel puis la position de la femme dans cette couleur sont source de problèmes.
Trop de CP/rouge avec sa tendance à une certaine agressivité est également nuisible. Il serait important d'examiner les formes de transition de ces couleurs vers DQ/bleu et ER/orange.

3.   **Pour terminer ; deux nouveaux projets Néerlandais ?**

A partir d'une réflexion sur les différentes couleurs, on pourrait
se poser la question ce que ça veut dire pour nous quand la
complexité du monde augmente.
Comme nous l'avons déjà dit précédemment, il va falloir trouver
un moyen de faire avec. Pour le monde des entreprises, cela veut
dire au minimum d'arriver à réfléchir et agir à partir d'un cadre
ER/orange avec un zeste de FS/vert. Aux Pays Bas il y a déjà eu
des situations semblables comme nous allons le voir ci dessous. Il
serait intéressant de voir comment on pourrait transformer cette
réflexion et ce comportement à une échelle nationale, et pourquoi
pas internationale.

Réseaux et innovation.74

Ici, la devise est le développent de réseaux innovants. De
nouvelles formes de collaboration entre des entreprises dans
des secteurs différents peuvent émerger, à condition que les
entrepreneurs font preuve d'un 'esprit ouvert et d'une bonne
dose de courage.
Des entrepreneurs en Zeeland, une province néerlandaise,
ont démontrés qu'il peut exister des interactions uniques
et surprenantes entre certains produits et des marchés. En
Zeeland, la collaboration entre différentes entreprises a
fait émerger une innovation dans des différents secteurs.
C'est l'entreprise MKB Nederland qui a été à l'origine de
cette initiative, et qui a pensé à la province de Zeeland. La
question était la suivante : est-ce qu'on pourrait créer de
nouvelles impulsions économiques en Zeeland en mettant
des entreprises régionales en réseau ? Un premier inventaire
dans les différentes branches – Recron, Metaalunie, Bouwend
Nederland, Uneto VNI, Horece Nederland- s'est avéré très
surprenant ; il y avait beaucoup de points communs. Les
divers secteurs du vivier des entreprises en Zeeland ont
déployés leurs propres initiatives, qui se sont révélés être tout
à fait compatible entre elles.

Nettoyage des plages.

Leendert-Jan Visser, à la tête de l'organisation régionale de MKB Nederland raconte : »Un très joli exemple de ces initiatives est l'entreprise qui se charge du nettoyage de la plage qui appartient à trois frères. Des plages propres étant d'une importance capitale pour la province de Zeeland, les frères cherchaient depuis des années un engin plus performant et avec un meilleur rendement. Il n'en existait nulle part sur le marché. Un constructeur de machines agricoles local qu'on a visité, nous disait que son souci principal était la pression exercée sur la vente. Il fallait qu'il décide soit d'élargir l'éventail de ses produits, soit au contraire de se spécialiser. Nous avons fait fusionner ces deux entreprises, et – vous l'aurez compris- ce constructeur a développé un nouveau type de nettoyeur de plage, en fait une machine agricole adaptée, qui sait à la fois nettoyer du sable durci et du sable mou. Cette machine sera même bientôt exportée en Espagne et au Portugal. ».

Pas de hasard.

Celui qui serait tenté de considérer ce développement comme un heureux hasard, se tromperait lamentablement selon Visser. La « Taskforce Zeeland », comme on l'a nommé par la suite, a produit vingt nouvelles combinaisons entre des produits et des marchés. Joost Douma, chef de projet de la Taskforce Zeeland dit à ce propos : » Ces nouvelles combinaisons se sont simplement faites en discutant directement avec les entrepreneurs, et en leur demandant ce qu'ils font exactement, quelle est leur force, s'ils sont ouverts à une collaboration et l'élaboration de nouvelles initiatives. En Zeeland, ce sont MKB Nederland et la province qui ont été les instigateurs, mais selon Visser il y a un monde à gagner pour les entrepreneurs de toute part qui seraient ouverts à ce genres d'initiatives. « Créer des réseaux est la devise, avec un objectif et du bon sens. Ce qui veut dire regarder également en dehors de son champs de travail, et de chercher à créer des combinaisons profitables, qui ne sont peut être pas les plus évidentes au départ. ».

Pour terminer: les changements de société nécessaires

Il n'y a pas que cette façon de créer des réseaux, un deuxième projet est imaginable. On va remonter un peu dans l'histoire. John F. Kennedy se fixait un objectif en 1961 : un homme sur la lune en 1969. A cette occasion, Kennedy faisait une promesse, raconte Thomas L. Friedman dans son livre « De aarde is plat » (la terre est plate), qui devient d'actualité vue ce qui se passe avec beaucoup de fonctions plutôt traditionnelles aux Pays-Bas.

« C'est pour cette raison que je vais soumettre un nouveau programme pour le développement et la formation d'ouvriers au Congrès, pour l'entrainement et l'éducation de quelques centaines de milliers de salariés, notamment dans les endroits qui ont connu une longue période de chômage suite à des facteurs technologiques. Durant une période de quatre ans, ces salariés seront formés à de nouveaux métiers, afin que les aptitudes qui ont été dévalués par la mécanisation et par les changements industrielles, seront remplacés par un nouveau savoir faire, indispensable pour la mise en place des nouveaux processus ».

Kennedy comprenait selon Friedman que la concurrence avec l'Union Soviétique n'était pas la course dans l'espace, mais celle de la science, et plus précisément celle de l'éducation. Il a choisi de « mettre un homme sur la lune » plutôt que de « pointer un missile sur Moscou » pour motiver les Américains de se donner à fond. Tout le monde sait combien d'innovations ont vu le jour suite à cette décision.

Si des fois les dirigeants politiques seraient à la recherche d'un héritage équivalent, il y en a un qui se trouve vraiment en évidence et sous la main; un programme scientifique national pour donner au pays les mêmes sentiments qu'à l'époque de l'Apollo. Je parle d'un programme scientifique urgent, concernant les énergies alternatives renouvelables et les réductions d'énergies, afin de rendre un pays indépendant de sources d'énergie externes dans un laps de temps de dix ans.[75]
Voici les raisons pour lesquelles un tel programme est tellement intéressant d'un point de vue de la Spirale Dynamique. C'est très simple ; il fait résonner pas moins de quatre couleurs à la fois :

1/ Pour DQ/bleu il offre la sécurité et le contrôle d'un pays se sa propre facture d'énergie.

2/ Pour ER/orange il y a un énorme défi à relever. Cette couleur souhaite réaliser l'irréalisable, de résoudre ce qui ne peut pas l'être. *La seule limite est le ciel.*

3/ Pour FS/vert, la durabilité, le coté écologique du projet, contribueront au bien être de l'humanité.

4/ Pour GT/jaune ceci serait une solution systémique qui ne laissera pas d'empreintes sur la terre.

En plus, le robinet de pétrole serait fermé d'un coup pour les états ayant des tendances agressives.

Un tel projet pourrait se révéler être un énorme aimant inspirant et dynamisant, qui pourrait attirer des jeunes souhaitant porter leur contribution à la diminution des effets de serre, à l'élaboration des énergies durables, donc à l'avenir de la planète, et qui souhaitent en même temps pouvoir jouir d'une vie agréable.

Cher lecteur, nous sommes arrivés à la fin de ce livre, je vous remercie infiniment de l'avoir lu. Je souhaite du fond de mon cœur que le modèle de Clare W. Graves vous a inspiré. Pour ceux qui souhaitent apprendre d'avantage au sujet de la Spirale Dynamique, je vous recommande mon livre « Denkfundamenten ontsluierd ! » (traduit en Français« Les fondations de la pensée dévoilées ! »).

On peur les commander sur le site internet www.managementissues.com (voir dernière page).

Annexe.

La genèse de la Spirale Dynamique.

La Spirale Dynamique est l'enfant spirituel de Clare W. Graves. Il travaillait comme professeur en psychologie à la même université que le fameux Maslow pendant les années suivant la deuxième guerre mondiale. Les travaux de Maslow ont eu un grand impact sur le cercle des psychologues de son époque. Ses travaux, notamment la pyramide de Maslow, qui représente les stades des besoins individuels humains avec à son sommet la « réalisation de soi », s'accordait bien avec l'époque « flower- power » des années '60 et y trouvait un écho favorable.

Graves lui était d'avis, que la psychologie seule constituait un abord trop réduit de l'être humain, et préférait évoquer l'homme en tant qu'être bio-psycho-social. Avec les théories de Maslow en tête, ainsi que ceux des behaviouristes et d'autres, Graves se demandait par quelle théorie la nature humaine et son développement pourraient être décrits au mieux. Il a commencé par examiner la théorie de Maslow, et a constaté que celle-ci avait certaines lacunes. Ainsi il a débuté ses propres travaux, qui allaient l'occuper durant trente cinq années.
Au cours de ses travaux, il suivait les discussions de ses élèves à propos de la question en quoi consiste exactement une personne adulte sur le plan psychologique, et ce que l'on pourrait considérer comme des pensées psychologiquement saines. Les idées à ce sujet étaient très divergentes, non seulement chez ses étudiants, mais également chez ses collègues professeurs. Graves examinait également l'évolution du système de valeurs de base (fondation de la pensée) d'une personne donné placée dans un autre contexte. Ces observations l'ont mené à élaborer un élément essentiel de son modèle, à savoir que chaque système de valeurs fondamental résulte d'une part des conditions de vie et de ses problèmes inhérents (life conditions), et d'autre part de la façon dont les personnes assument ces problèmes à partir de leurs dispositions et aptitudes neurologiques (mind conditions).
La Spirale Dynamique répond à la question suivante : « comment l'esprit assimile la réalité ? » (How does the mind proces reality ?[76]

Les systèmes de valeurs observables de nos jours se sont
formés au cours de bon nombre de milliers d'années. C'est une
dynamique en forme de spirale ; l'interaction entre les exigences
liés à l'environnement qui changent sans cesse, et la fondation de
la pensée, résulte en une nouvelle vision universelle du monde
avec ses normes, ses structures, sa logique, ses rapports de force,
ses jugements à propos de ce qui est « bien » et ce qui est « mal »,
etc.
De nouveaux systèmes de valeurs émergent à partir des
précédents. Quand la situation l'exige, les hommes sont capables
de trouver des réponses dans les systèmes de valeurs précédents
et moins complexes. Le cerveau choisit ce qu'il y a de plus adapté
et de plus confortable dans une situation spécifique donnée.

Informations supplémentaires sur la Spirale Dynamique.

managementissues.com organise des formations pour le secteur
public en collaboration avec les formations ROI.
Des formations de 3 à 4 jours certifiés, qui sont dispensées
par Chris Cowan & Natasha Todorovic, les spécialistes les plus
renommés mondialement.

Pour d'avantage de renseignements :   www.managementissues.
com
                              où   www.spiraldynamics.info
                              où   www.roi-opl.nl

Pour des articles concernant la Spirale Dynamique, voir les sites
web de Chris Cowan & Natasha Todorovic :   www.spiraldynamics.
org
                        où   www.clarewgraves.com

Ils sont tous deux disponible en tant que consultant pour
des problèmes de société, de politique, de changements
d'organisation et de développement de stratégies.

Bibliographie.

Sources basiques de références sur la Spirale Dynamique :

Herold, M. :*Denkfundamenten ontsluierd ! De code van ons denken en de wereld die daaruit voortkomt.* Managementissues.com, Leiden, 2005.
- Graves, Clare W.: *Emergent Cyclical levels of Existence Theory.* Workshop with Dr.Clare Graves. Audio. NVC Consulting, Santa Barbara, CA 2001.

Lee, William R., Christopher C. Cowan, and Natasha Todorovic (eds.):Graves; *Levels of Human existence.* ECLET Publishing, Santa Barbara, CA, 2002

Graves, Clare W.; *Levels of Human existence.* ECLET Publishing, Santa Barbara, CA, 2003

Beck, D. et C. Cowan: *Spiral Dynamics; mastering values, leadership and change.* Blackwell Publishers, Oxford, 1996. (Ce livre a été traduit en Hollandais et s'intitule : *Spiral Dynamics ; waarden, leiderschap en veranderingen in een dynamisch model.* Publié par Altamira-Becht, 2004. ISBN 90 6963 639 5 /NUR 774).

Graves, Clare W.: *The never ending quest.* Edited and compiled by Christopher C. Cowan and Natasha Todorovic. ECLET Publishing, Santa Barbara, CA, 2005

Site: www.clarewgraves.com

Cowan C. & N. Todorovic: Spiral Dynamics: The layers of Human Values on Strategy. De *Strategy & Leadership.* MCB University Press, vol.20, N° 1, 2000, p.4-11.

Graves, Clare W.: *Reflexions.* Audio. NVC Consulting, Santa Barbara, CA, 2001.

Graves, Clare W.: *The Psycholigical Map.* Audio. NVC Consulting, Santa Barbara, CA, 2001.

Bibliographie

Graves, Clare W.: *Human nature prepares for a momentous leap*. Futurist Magazine, 1974.

Literature diverse consultée.

Amstrong, K. *De grote transformatie: het begin van onze religieuze tradities*. Editeur: De bezige bij, Amsterdam, 2005.

Ayse: *Op de vlucht voor eerwraak*. Editeur De Kern, Baarn, 2004.

Bakan, J. : *The Corporation: het pathologisch streven naar macht en winst*. Editeur Business Contact, Amsterdam, 2005.

Brown, J. & Isaacs, D. The World Café: *Shaping our future through conversations that matter*. Editeur: Berrett-Koehler Publishers, Inc. San Francisco, 2005.

Bryan, B., Goodman M., Schaveling J. : *Systeemdenken: ontdekken van onze organisatiepatronen*. Editeur Academic Servive, Den Haag.

Capra, F. : *Het Levensweb*. Editeur Kosmos- Z & K, Utrecht / Antwerpen, 1996.

Coelho, P: *De Zahir*. Editeur de Arbeiderspers, Amsterdam-Antwerpen, 2005.

De Saint-Exupéry, Antoine: *De kleine prins*. Editeur Ad. Donkers BV, Rotterdam, 1951.

Drucker, Peter F.: The theory of business, de *Havard Business Review* September-October, 1994.

Friedman, Thomas L. : *De aarde is plat*. Editeur Nieuw Amsterdam, 2005.

Frissen, P.H.A. : *De staat*. Editeur de Balie, Amsterdam, 2002.

Harman, W. : *Omwenteling: een wereldomvattende verandering in het denken*. Editeur Lemniscaat, Rotterdam, 1991.

Hartmann, T.: *The last hours of ancient sunlight*. Editeur Hodder and Stoughton, London, 1999

Hofstede, G. & G.J. Hofstede: *Allemaal andersdenkenden, omgaan met cultuurverschillen.* Editeur Contact, Amsterdam/Antwerpen, 2005.

Klein, N. : *No logo*. Editeur Lemniscaat, Rotterdam, 2004

Liem Giok In: *Interdependent Economy- from Political Economy to Spiritual Economy.* Editeur Universe, New York, 2005.

O'Connor, Joseph & Ian McDermott: *System Thinking*. Editeur Thornsons, San Francisco, CA, 1997.

Paulson, D.S.: *Competitive Business, Caring Business*. Editeur Paraview, New York, 2002.

Peters, J. & J. Pouw: *Intensieve menshouderij: hoe kwaliteit oplost in rationaliteit.* Editeur Scriptum, Schiedam, 2004.

Pleij, Herman: *Dromen van Cocagne: middeleeuwse fantasieën over het volmaakte leven.* Editeur Prometheus, Amsterdam, 2003.

Rifkin, J. : *De Europese droom*. Editeur Business Contact, Amsterdam/Antwerpen, 2005.

Wattles, Wallace D.: *The Science of Getting Rich*. E-book: www.digireads.com

Welch, J & S. Welch: *Winnen.* Editeur Het Spectrum 2005, Utrecht.

Zohar, D. & I. Marshall: *Spiritual Capital, wealth we can live by.* Editeur Bloomsburry, London, 2004.

Notes.

1. Drucker, Peter F.: The theory of business, de *Havard Business Review* September-October, 1994.

2. Je me rends bien sur compte que ceci est une belle formulation ER/orange de ma part.

3. Pour plus d'informations sur ce dixit d'Einstein par rapport à l'aptitude à résoudre des problèmes : http://www. daalmansvermeer.nl/Themabrieven/Themabrief9%20AR.htm

4. Ce premier panorama des systèmes de valeurs est basé sur un travail précédent effectué grâce aux apports de Chis Cowan et Natasha Todorovic, et aux discussions avec eux à ce sujet.

5. Voir:http://www.clarewgraves.com/articles_content/1981_handout/1981_summary.pdf

6. Voir:http://www.clarewgraves.com/articles_content/1981_handout/1981_summary.pdf

7. *Sporen in ons hart: de levende erfenis van de Yurok-indianen.* Editeur Bres B.V. Amsterdam, 2001.

8. Ayse: *Op de vlucht voor eerwraak.* Editeur De Kern, Baarn, 2004.

9. Hofstede, G. & G.J. Hofstede: *Allemaal andersdenkenden, omgaan met cultuurverschillen.* Editeur Contact, Amsterdam/ Antwerpen, 2005.

10. www.nu.nl 6 juni 2005.

11. Rifkin, J. : *De Europese droom.* Editeur Business Contact, Amsterdam/Antwerpen, 2005.

12. Amstrong, K. *De grote transformatie: het begin van onze religieuze tradities.* Editeur: De bezige bij, Amsterdam, 2005. Amstrong traite entre autres des peuples des années 1600-900 avant Jésus Christ.

13. Herold, M. : *Denkfundamenten ontsluierd ! De code van ons denken en de wereld die daaruit voortkomt*. Managementissues. com, Leiden, 2005.

14. Herold, M. : *Denkfundamenten ontsluierd ! De code van ons denken en de wereld die daaruit voortkomt*. Managementissues. com, Leiden, 2005.

15. Herold, M. : *Denkfundamenten ontsluierd ! De code van ons denken en de wereld die daaruit voortkomt*. Managementissues. com, Leiden, 2005.

16. Herold, M. : *Denkfundamenten ontsluierd ! De code van ons denken en de wereld die daaruit voortkomt*. Managementissues. com, Leiden, 2005.

17. Herold, M. : *Denkfundamenten ontsluierd ! De code van ons denken en de wereld die daaruit voortkomt*. Managementissues. com, Leiden, 2005.

18. Coelho, P: *De Zahir*. Editeur de Arbeiderspers, Amsterdam-Antwerpen, 2005.

19. Ceci était dans une émission télévisée de la KRO dans le programme intitulé Netwerk il y a quelques années.

20. Herold, M. : *Denkfundamenten ontsluierd ! De code van ons denken en de wereld die daaruit voortkomt*. Managementissues. com, Leiden, 2005.

21. Orwell, G. 1984. Editeur: De Arbeiderspers, Amsterdam, 2004.

22. De Saint-Exupéry, Antoine: *De kleine prins*. Editeur Ad. Donkers BV, Rotterdam, 1951.

23. Herold, M. : *Denkfundamenten ontsluierd ! De code van ons denken en de wereld die daaruit voortkomt*. Managementissues. com, Leiden, 2005.

24. Herold, M. : *Denkfundamenten ontsluierd ! De code van ons denken en de wereld die daaruit voortkomt*. Managementissues. com, Leiden, 2005.

25. Herold, M. : *Denkfundamenten ontsluierd ! De code van ons denken en de wereld die daaruit voortkomt*. Managementissues. com, Leiden, 2005.

26. Herold, M. : *Denkfundamenten ontsluierd ! De code van ons denken en de wereld die daaruit voortkomt*. Managementissues. com, Leiden, 2005.

27. Mélange d'information provenant du NOS télétexte du 12 Juillet 2005 et du site www.nu.nl de la même date.

28. Jos Hamans dans 'Sozavox', le journal du ministère d'SZW, Mai, 2005.

29. Herold, M. : *Denkfundamenten ontsluierd ! De code van ons denken en de wereld die daaruit voortkomt*. Managementissues. com, Leiden, 2005.

30. Herold, M. : *Denkfundamenten ontsluierd ! De code van ons denken en de wereld die daaruit voortkomt*. Managementissues. com, Leiden, 2005.

31. Herold, M. : *Denkfundamenten ontsluierd ! De code van ons denken en de wereld die daaruit voortkomt*. Managementissues. com, Leiden, 2005.

32. Friedman, Thomas L. : *De aarde is plat*. Editeur Nieuw Amsterdam, 2005.

33. Herold, M. : *Denkfundamenten ontsluierd ! De code van ons denken en de wereld die daaruit voortkomt*. Managementissues. com, Leiden, 2005.

34. Welch, J & S. Welch: *Winnen*. Editeur Het Spectrum 2005, Utrecht.

35. Herold, M. : *Denkfundamenten ontsluierd ! De code van ons denken en de wereld die daaruit voortkomt*. Managementissues. com, Leiden, 2005.

36. Frissen, P.H.A. : *De staat*. Editeur de Balie, Amsterdam, 2002.

37. Herold, M. : *Denkfundamenten ontsluierd ! De code van ons denken en de wereld die daaruit voortkomt*. Managementissues. com, Leiden, 2005.

38. Herold, M. : *Denkfundamenten ontsluierd ! De code van ons denken en de wereld die daaruit voortkomt*. Managementissues. com, Leiden, 2005.

39. Herold, M. : *Denkfundamenten ontsluierd ! De code van ons denken en de wereld die daaruit voortkomt*. Managementissues. com, Leiden, 2005.

40. Herold, M. : *Denkfundamenten ontsluierd ! De code van ons denken en de wereld die daaruit voortkomt*. Managementissues. com, Leiden, 2005.

41. Herold, M. : *Denkfundamenten ontsluierd ! De code van ons denken en de wereld die daaruit voortkomt*. Managementissues. com, Leiden, 2005.

42. O'Connor, Joseph & Ian McDermott: *System Thinking*. Editeur Thornsons, San Francisco, CA, 1997.

43. Friedman, Thomas L. : *De aarde is plat*. Editeur Nieuw Amsterdam, 2005.

44. Wattles, Wallace D.: *The Science of Getting Rich*. E-book: http;// wallacewattles.wwwhubs.com/

45. Hofstede, G. & G.J. Hofstede: *Allemaal andersdenkenden, omgaan met cultuurverschillen*. Editeur Contact, Amsterdam/ Antwerpen, 2005.

46. Brown, J. & Isaacs, D. The World Café: *Shaping our future through conversations that matter*. Editeur: Berrett-Koehler Publishers, Inc. San Francisco, 2005.

47. Rifkin, J. : *De Europese droom*. Editeur Business Contact, Amsterdam/Antwerpen, 2005.

48. Herold, M. : *Denkfundamenten ontsluierd ! De code van ons denken en de wereld die daaruit voortkomt*. Managementissues. com, Leiden, 2005.

49. Harman, W. : *Omwenteling: een wereldomvattende verandering in het denken*. Editeur Lemniscaat, Rotterdam, 1991.

50. Herold, M. : *Denkfundamenten ontsluierd ! De code van ons denken en de wereld die daaruit voortkomt*. Managementissues. com, Leiden, 2005.

51. Capra, F. : *Het Levensweb*. Editeur Kosmos- Z & K, Utrecht / Antwerpen, 1996.

52. Hartmann, T.: *The last hours of ancient sunlight*. Editeur Hodder and Stoughton, London, 1999.

53. Paulson, D.S.: *Competitive Business, Caring Business*. Editeur Paraview, New York, 2002.

54. Dans *Interdependent Economy- from Political Economy to Spiritual Economy*. Editeur Universe, New York, 2005, Liem Giok In, l'auteur, ne présente pas de model idéal, ni de nouvelle idéologie. Son raisonnement de base et sa logique découlent de la nécessité que nous connaissons tous ; celle de vivre et de survivre. *Interdepent Economy* ne décrit pas seulement de nouveaux concepts et points de vue, mais montre également des pistes éventuelles afin de mettre en œuvre des stratégies de managements concrets.

55. Toonen, P.: *Het einde van de gestolen tijd*. Editeur Andromea, 2006

56. Herold, M. : *Denkfundamenten ontsluierd ! De code van ons denken en de wereld die daaruit voortkomt.* Managementissues. com, Leiden, 2005.

57. Herold, M. : *Denkfundamenten ontsluierd ! De code van ons denken en de wereld die daaruit voortkomt.* Managementissues. com, Leiden, 2005.

58. Rifkin, J. : *De Europese droom.* Editeur Business Contact, Amsterdam/Antwerpen, 2005.

59. Herold, M. : *Denkfundamenten ontsluierd ! De code van ons denken en de wereld die daaruit voortkomt.* Managementissues. com, Leiden, 2005.

60. Herold, M. : *Denkfundamenten ontsluierd ! De code van ons denken en de wereld die daaruit voortkomt.* Managementissues. com, Leiden, 2005.

61. Herold, M. : *Denkfundamenten ontsluierd ! De code van ons denken en de wereld die daaruit voortkomt.* Managementissues. com, Leiden, 2005.

62. Herold, M. : *Denkfundamenten ontsluierd ! De code van ons denken en de wereld die daaruit voortkomt.* Managementissues. com, Leiden, 2005.

63. Herold, M. : *Denkfundamenten ontsluierd ! De code van ons denken en de wereld die daaruit voortkomt.* Managementissues. com, Leiden, 2005.

64. Herold, M. : *Denkfundamenten ontsluierd ! De code van ons denken en de wereld die daaruit voortkomt.* Managementissues. com, Leiden, 2005.

65. Frissen, P.H.A. : *De staat.* Editeur de Balie, Amsterdam, 2002.

66. Pleij, Herman: *Dromen van Cocagne: middeleeuwse fantasieën over het volmaakte leven.* Editeur Prometheus, Amsterdam, 2003.

67. Herold, M. : *Denkfundamenten ontsluierd ! De code van ons denken en de wereld die daaruit voortkomt*. Managementissues.com, Leiden, 2005.

68. Bakan, J. : *The Corporation: het pathologisch streven naar macht en winst*. Editeur Business Contact, Amsterdam, 2005.

69. Friedman, Thomas L. : *De aarde is plat*. Editeur Nieuw Amsterdam, 2005.

70. Klein, N. : *No logo*. Editeur Lemniscaat, Rotterdam, 2004.

71. Peters, J. & J. Pouw: *Intensieve menshouderij: hoe kwaliteit oplost in rationaliteit*. Editeur Scriptum, Schiedam, 2004.

72. Bakan, J. : *The Corporation: het pathologisch streven naar macht en winst*. Editeur Business Contact, Amsterdam, 2005.

73. Zohar, D. & I. Marshall: *Spiritual Capital, wealth we can live by*. Editeur Bloomsburry, London, 2004.

74. Pris avec leur accord de: *Rabobank Bedrijven Nieuws*, automne 2005.

75. Friedman, Thomas L. : *De aarde is plat*. Editeur Nieuw Amsterdam, 2005.

76. Citation de Chris Cowan.

Notes

Vous avez envie d'en savoir plus?

Le livre intitulé « *Denkfundamenten ontsluierd !* » *Een introductie in Spiral Dynamics* de Max Herold est unique dans son genre; il est considéré comme une œuvre de référence par les connaisseurs en la matière. C'est un des rares livres écrits en Néerlandais au sujet de la Spirale Dynamique, une théorie pratique et applicable aux concepts de la réflexion humaine. Il présente un avantage de taille ; il est très facile à lire.
Ce livre a été traduit en français et s'intitule : « *Les fondations de la pensée   dévoilées ! Les codes de la pensée et le monde qui en découle :*
Une introduction dans la Spirale Dynamique. »

www.managementissues.com.

Notre société est en train de devenir un creuset de cultures parfois très différentes les unes des autres, avec tout ce que cela fait émerger comme tensions et conflits.
Le professeur américain Clare W. Graves a développé un modèle compréhensible et ultra pratique, qui démontre quels systèmes de réflexion forment la base des diverses cultures. Il explique la dynamique d'arrière fond de ces tensions, puis donne des outils à la fois pratiques, compréhensibles, concrets et opérationnels afin de pouvoir utiliser ces dynamiques.
Son modèle a été spécifié d'avantage et rebaptisé « Spiral Dynamics » (La Spirale Dynamique) par l'américain Chris Cowan, et est en train de devenir, aux Etats-Unis comme ailleurs, un élément de plus en plus incontournable de la littérature sur le management, l'organisation, la culture et sur la politique.
Aux Pays Bas le modèle connaît également un succès croissant à cause de sa clarté, mais aussi à cause de sa consistance.

Ce livre est une introduction du modèle, de la plus haute importance pour le monde politique, les dirigeants, les fonctionnaires, ceux qui font du marketing ou gèrent du personnel, en fait pour toutes les personnes qui se trouvent confrontés à l'évolution de notre société actuelle dans le cadre de leur travail.

Max Herold est attaché au gouvernement des Pays-Bas en tant que consultant sénior concernant les questions d'organisation, et est également à l'origine du site très populaire www.managementissues.com.
Il a accumulé et approfondi ses connaissances en gestion du personnel, en gestion d'entreprise, en gestion des informations, en marketing, et surtout en gestion et de mise en place de changements au niveau du management.
Il est aussi formateur certifié en P.N.L. (Programmation Neuro-Linguistique) au niveau international.
Max a participé à un grand nombre de processus de mises en place de solutions concernant des problèmes d'organisation au sein d'institutions très variés. Il y organise régulièrement des stages et conférences, aussi bien au niveau national qu'international.

9 781975 826727